人大附中·不一样的物理课堂

新视野！经典的多重面孔

卢海军　秦晓文　魏凤文◎著

清華大學出版社
北京

图书在版编目（CIP）数据

新视野！经典的多重面孔 / 卢海军，秦晓文，魏凤文著. — 北京：清华大学出版社，2023.5（2024.7重印）
（人大附中・不一样的物理课堂）
ISBN 978-7-302-63670-0

Ⅰ. ①新… Ⅱ. ①卢… ②秦… ③魏… Ⅲ. ①中学物理课—教学参考资料 Ⅳ. ①G634.73

中国国家版本馆CIP数据核字（2023）第104543号

责任编辑：肖 路
封面设计：施 军
责任校对：薄军霞
责任印制：杨 艳

出版发行：清华大学出版社
网 址：https://www.tup.com.cn, https://www.wqxuetang.com
地 址：北京清华大学学研大厦A座 邮 编：100084
社 总 机：010-83470000 邮 购：010-62786544
投稿与读者服务：010-62776969, c-service@tup.tsinghua.edu.cn
质量反馈：010-62772015, zhiliang@tup.tsinghua.edu.cn
印 装 者：涿州汇美亿浓印刷有限公司
经 销：全国新华书店
开 本：148mm×210mm 印 张：6.375 字 数：137千字
版 次：2023年7月第1版 印 次：2024年7月第2次印刷
定 价：49.00元

产品编号：097938-01

前 言

本书是为正在教授和正在学习中学物理的读者们所写，虽然内容根据现行中学物理教材选取，但它们并不囿于讲堂。

物理学博大精深，物理世界更是无比浩瀚。虽然你的学习从课堂开始，但物理学远远超出讲堂之外。从基本粒子的微小世界到浩瀚的苍穹宇宙，天下万物无不遵守普适的物理法则。探索物理世界，就是要寻求“万物之理”。本书将让你看到，无论物理世界如何千变万化，始终有不变的东西深植其中，旧的守恒性被打破，新的守恒性接踵而至，各式各样的“不变性”与“守恒性”始终层出不穷。正因如此，追求不变与守恒成为了历代科学探索者终生不渝的信念。

从表面上看，物理学有严密的逻辑，但物理学的发展进程却往往是非逻辑的，是从感性出发而后理性的，是从看起来并不靠谱的猜测中，也就是从提出问题为起点发展起来的。正因如此，不囿于传统观念、不迷信权威和书本，善于和敢于发现问题十分重要。在本书中，我们将以提问的形式，引领你的兴趣，通过有限的文字帮助你进入物理学习的至高境界。

现代教育的真正理念是鼓励质疑、追问和思考的启发式教育，而不是被动的灌输。物理学家劳厄曾经说过：“真正重要的并不是获取知识，而是思维能力的发展，教育无非是当一切已学过的东西被遗忘时，所剩下来的东西。”为什么有些东西会“被遗忘”？又有哪些是“剩下的东西”？

原来，生活中的万事万物纷繁复杂，相关的物理知识更是五花八门，但它们都有无限下挖的可能。你挖得越深，越能看透本质，找到它们的第一性原理。在我们的学习中，人的大脑会自动地清除一些关联度不大的知识。那些未经独立思考，或没有经过深挖的东西，就会被轻易忘掉。这就是为什么，经过同样的学习，最终的知识储备却有可能是天壤之别。

除此以外，这里所提到的“剩下的东西”还有科学的信念、意志和精神，还包括科学方法的获得，洞察力、判断力的提升，以及科学美感的熏陶。这一切也都是物理教学的精华所在，它们将影响人的一生。

物理学是一门大学问，是与数学、逻辑学、天文和天体物理学、地球和空间科学、化学及生命科学共处一体的七大基础科学之一。学习物理，更应该站在这七大基础科学的平台之上，建立起大局观。为引导这种大局观，本系列丛书设置了 3 个分册，分别从 3 个层面上进行介绍。首先带领你对日常的物理现象进行科学的思考，并提出质疑；然后再到大宇宙中去看看，了解那里奇幻的天体物理事件发生的缘由；最后进入微观的物理世界去巡游，思考那些诡谲事件是如何发生的。

我们衷心祝愿每一位读者通过物理学习，更热爱自然、热爱科学，具有乐观豁达的人生态度。这是一种难得的心态，更是一种与探索相伴的修行。物理世界中的教益，远远超越你的课堂！

作者
2023 年 5 月

目 录

01 牛顿运动定律：为什么学物理要一问到底？

学习物理，你要经常问问自己，究竟是为了什么？在一定程度上，清楚为什么学习物理比学习本身更为重要。

学习物理学，除了要掌握物理的科学知识，更重要的是培养科学素养。从这个意义上说，掌握物理知识只是表层，更深层的是要通过学习物理知识，训练科学思维，掌握科学方法，渐渐树立起科学的进取和开拓精神，这对你的一生将是至关重要的。

这样看来，话是否说得有些“大”，以致让你觉得这只不过是“套话”而已呢？不妨以牛顿运动定律的学习为例，看看以上观点是否有道理吧。

牛顿力学是物理学的重要部分，而牛顿运动定律又是牛顿力学中的核心，足见这部分的内容是相当重要的，该如何学好它们呢？

之所以把它们称为“定律”，是因为它们都是通过实验得出来的结果。然而，是否实验得出的结果就一定是正确的呢？是否想当然地就认为它们一定是对的，不信也得信呢？是否只要把它们接受下来，背下来，会做题就算学好了呢？其实不然，原因有以下两点。

其一，即使是实验得出来的结果，即使这个结果经过了上百次、上千次的实验验证，它也不一定正确。一旦某一次实验发现这一结论有了漏洞，就必须重新修改，最惨的时候，有可能会被全部推翻。但这不是坏事，因为科学向来都是在谬误或漏洞中寻找突破口而再度向前发展的。在物理学发展史中，这样的事屡见不鲜，就是在牛顿运动定律中，也有它们的突破口，需要动用现代技术研究一番。

其二，即使你热爱物理，也不能“往死里爱”，不能够无条件相信书本上的内容，这样做恰恰违反了学习物理应该有的科学精神。学习物理要始终不忘记思考，要始终带着质疑精神，多问“为什么”。物理学是一门“很讲道理”的科学，一门讲道理的科学是不怕质疑的。**恰恰相反，正是质疑精神推动着科学的发展，这种精神用于学习牛顿运动定律也不例外。**

说到这里，就要提到一位物理大师，他就是人称“物理怪杰”的美国物理学家费曼。他不仅开创了量子电动力学，更是一位非常独特的教师。他的授课就像一场表演，充满了激情与诱惑力。他对新鲜事物有着无比的好奇心，总是喜欢观察自然现象，不仅善于提出问题，还非常善于思考，总是独辟蹊径地设法找到其中的原因，而这些现象常被一般人因司空见惯而忽略掉。

有一次费曼与朋友在外面吃饭，一个小碟子掉到了地上，碟子没碎，而是边滚边摇，斜躺着颠簸了几下，才静止了下来。这是一般人司空见惯的事，他却觉得很有趣，甚至大笑了起来。

回到家中，他竟然找到一个方程，把碟子落地后的运动描述了出来，而他所用到的方程就源于牛顿定律。

按照费曼的说法，在任何事物中，都有“底层空间”可以挖掘，他所说的“底层空间”指的就是事物的“背后”。那么，我们不禁要问，牛顿运动定律有它的“底层空间”吗？它们又在哪里呢？为了弄清这些问题，我们不妨先把牛顿运动定律摆出来看一看吧。

费曼

牛顿第一定律：一切物体，总保持匀速直线运动状态或静止状态，除非有外力的作用，迫使它改变这种状态。

牛顿第二定律：物体加速度的大小跟它受到的作用力成正比，跟它的质量成反比，加速度的方向跟作用力的方向相同。

牛顿第三定律：两个物体之间的作用力和反作用力总是大小相等、方向相反，作用在同一条直线上。

面对这三个定律，除了要弄懂它们，会用它们，还有哪些可以进一步思考的东西呢？我们不妨先从较简单一点的说起。

思考之一：第一定律和第二定律说的都是力和运动的关系，两者之间有什么关系呢？设想，如果没有了外力，加速度就是零，物体要么保持静止，要么维持匀速直线运动。这样一来，第一定律不就是第二定律的特例吗？是的，你猜的没错，这两个定律确实具有这样紧密的联系。

思考之二：既然牛顿第一定律是第二定律的特例，第二定律该是“老大”，它已经把第一定律囊括了进去，那为什么还要再单独设立“第一定律”呢？能不能将第一定律“一刀砍去”呢？答案是不可以。虽然第二定律是“老大”，但它却取代不了第一定律。**之所以第一定律有单独存在的必要，是因为它揭露了一件很重要的事，这就是一切物体都有保持不动，或保持匀速直线运动的“惯性”，所以第一定律又叫“惯性定律”。**这样一来，第一定律不仅不能被取代，而且它的意义还很大。

思考之三：人们对第一定律存在质疑。按照第一定律的观点，没有外力作用，动者恒动，静者恒静，这就是万物的“惯性”。一块石头放在地面，不去搬动它，它就躺在那里，不可能毫无缘由地动起来；队友掷过来的球，不去接它，它就会飞过去。既然这样的事人尽皆知，那么与之相关的牛顿第一定律就应该再简单不过，难道它还有什么“底层空间”可以探索的吗？

万事总有其因，第一定律的“底层空间”就是“惯性”。然而你想过没有，“惯性”是从哪里来的？是物体“固有的”，还是外界“赋予的”？这一疑问竟然惊动了牛顿和一些同代科学家、哲学家，使他们为第一定律中提到的“惯性”争吵不休。

为“惯性”争吵可不是矫情，这个问题很重要。如果物体的惯性是固有的，无论外界怎么改变，就算是海枯石烂，一切化为乌有，这个物体的惯性也不受外界的任何影响。反之，如果惯性是外界赋予的，情况就完全不同了，就算物体本身是有质量的，但惯性却依然会随着外界的变化忽大忽小，甚至忽然没有了也说不定。

对于这个问题，牛顿思考过，著名的哲学家马赫也思考过，因为意见相左，他们争论了起来。牛顿认为物体的质量越大，惯性越大，质量越小，惯性越小，正是因为惯性大小来自于物体的质量，所以惯性是“固有的”。

以马赫为代表的学者则认为，静止的物体之所以保持静止，需要外力去推才能动起来，正是因为受到“周围的房舍、树木、星空等万物吸引”，是周围的万物“拽住了它”，物体质量越大，所受的引力越大，表现出来的“惯性”也就越大，所以哪里有什么“惯性”啊，那全是周围万物拽引的结果。如果这个物体的周围，没有了万物，失去了拽引，何谈惯性？

这样一来，该如何判断谁的说法正确呢？总不能把周围的东西包括星空全搬空，进行一场全宇宙的大实验吧？为了证明自己的观点，牛顿绞尽脑汁，想出一个办法，企图一箭双雕。他一方面证明“惯性”是固有的，另一方面还想证明整个物理世界存在一个绝对“恒静不动”的空间。于是牛顿提出了一个假想的实验，这就是著名的“牛顿桶”实验。

“牛顿桶”实验就是一只装了水的桶，让它来回转起来而已。表面看起来，它再简单不过，但它的“底层空间”却是挺深的（在此不过多赘述）。但这个实验并没有让牛顿获胜，反而把很多大数学家、大物理学家和大哲学家，如莱布尼茨、伏尔泰、马赫、爱因斯坦都卷了进来。人们为它争吵不休，直到现在，这个研究仍在继续。

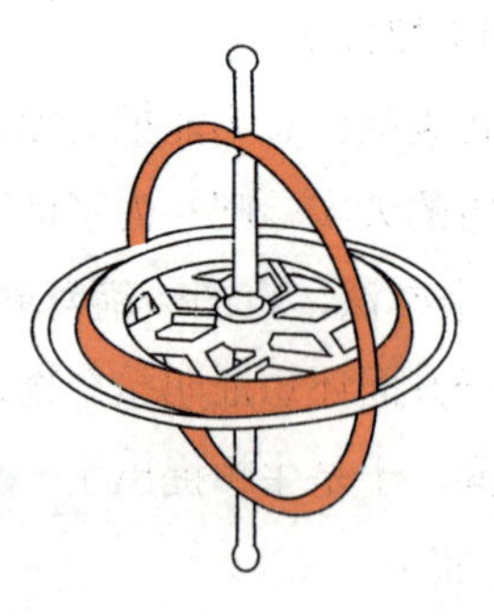

当然，现今的“牛顿桶”实验已经不是通过桶和水进行了，而是改头换面地变成了带着陀螺仪飞到天上的卫星。现代版的“牛顿桶”实验居然演变为一项耗资1.3亿美元、持续45年的大型太空计划，成为迄今为止耗时最长的一项物理实验。**在这个实验里，不只是牛顿的惯性定律，而是整**

个牛顿理论都遭到了爱因斯坦的挑战。话说到此，你还认为牛顿第一定律很简单吗？

思考之四：对牛顿第二定律的质疑，也是在探寻这个定律的“底层空间”。表面上看，这个定律说的是作用力与物体运动变化的关系，但事实上它远没有这么简单。既然物理世界的万事万物无不遵守着“普适法则”，我们不禁要问，牛顿第二定律背后的普适法则是什么？这个问题不难解答，不妨以一个简单的例子加以说明。

一个质量为 m 的物体，在外力 $\boldsymbol{F}$ 的作用下，沿着水平方向，从静止状态开始以加速度 a 做匀加速运动，在时间 t 内，经过了一段距离 s，速度增加到 v。这是第二定律的一个非常简单的情景，现在我们从功能关系开始，把上述各量的关系用以下公式来表示，即

$$\boldsymbol{F} \times s = \frac{1}{2} m v^2$$

这个功能关系式表明外力做的功等于能量的增加，也就是能量守恒关系。我们也可以用牛顿第二定律，写出这个过程力与运动的关系，这就是牛顿第二定律，即

$$\boldsymbol{F} = m \times a$$

表面看起来，这是两个不同的式子，实际上却是一码事。要证明它们之间的关系并不难，既可以从第一个式子出发，得出第二个式子，也可从第二个式子出发，得出第一个式子。

现在我们可以试着从能量守恒关系中找出牛顿第二定律来，当然你也可以反向尝试。将第一个式子的两端分别除以路程 s，于是可以得出

$$F = \frac{1}{2}\frac{mv^2}{s}$$

其中，路程 $s = \frac{1}{2}at^2$，而加速度 $a = \frac{v}{t}$。利用这两个关系，不难得出牛顿第二定律的公式，即

$$F = m \times a$$

这表明，所谓牛顿第二定律，实际上只不过是能量守恒定律的外在表现。也就是说，在牛顿定律的力与运动关系的“底层空间”中，隐含着普适的能量守恒法则。

思考之五：人们对牛顿第三定律也存在质疑。为什么作用力和反作用力总是成对地产生，成对地消失呢？存在没有反作用的力吗？为什么作用力和反作用力总是大小相等、方向相反呢？这些问题说起来既烦琐又拗口，但对它们的思考与探索却是很必要的。

回答这个问题时，就要涉及作用力的本质了。在我们的周围，存在很多的力的现象，如固体之间的压力、拉力、碰撞力、摩擦力等，如流体中出现的压强、热胀力、冲击力、黏滞阻力、吸附力、表面张力等，如化学现象中的范德瓦耳斯力、极性分子间作用力等。看起来这些作用力五花八门，但无论以什么形式，出现在什么场合，它们的本质却都是一样的。它们都来自分子或原子中的电子作用，本质上都属于“电磁力”。

虽然它们都属于原子之间的电磁力，但毕竟原子和原子之间总是隔着一段距离的。事实上，在物质的原子和原子之间，间隔着非常“空旷”的地带。那么，电磁力是如何“隔空”相互作用的呢？

原来，传递电磁力的任务是由“光子”完成的，而这种光

子又是“虚光子”。不只是电磁力特殊，自然界的4种基本作用力，引力、电磁力、强力和弱力，都是由交换粒子所产生的，只是交换的粒子不同而已（其中引力子尚未被实验证实）。

谢天谢地，人类没有这种本领，不然你的生活将被搅得混乱不堪。**从这里还可以得出这样的结论，所谓什么“力”并不存在，那只是某种作用机制下的宏观表现而已。**其实，这样的事已经司空见惯。在晒太阳时，你感觉得到周身发热，但你感觉不到每个分子的激烈运动。在你看东西时，你的视网膜能接收到光和色的信号，却感受不到每一颗光子对视网膜的冲击，其道理都是一样的。

只要明白了作用力的机制是微观粒子频繁交换的结果，就不难回答“为什么力的作用总是成对地出现”“为什么作用力和反作用力总是大小相等、方向相反”“为什么作用力和反作用力总是同时出现、同时消失”的问题。这些宏观现象都是由作用力的“底层空间”——量子机制造成的。

以上讨论说明，物理学给予人们人量的自由思考空间，学习物理应不满足于课本知识，不满足于学会做题，而要敢于和善于提出问题。学会独立思考事物的“底层空间”，你将从物理课中获得更大的教益。

02 运动：世界上有绝对不动的东西吗？

宇宙万物皆处在不停的运动中，但如果想要知道“运动是什么样的”，结论又各有不同。生活在地球上的人，常以为脚下的地球是不动的，看到的是太阳的东升西落，天空的斗转星移，似乎万物皆以地球为中心运转着。

但是，如果你能像孙悟空那样，偷吃了太上老君的仙丹，练就了不怕“三昧真火”的金刚之躯，站到了太阳之上，你看到的景象可又大不同了。你看到的将会是地球及其他七大行星（冥王星已经被降级成矮行星）带领着自己的卫星，加上小行星、彗星等一切，都在环绕着太阳运动，而太阳是不动的。待你的眼界再度扩大，站在银河系中心（银心），这才发现，原来自以为身居中心的太阳，竟然是个很不起眼的“小家伙”，它带着自己的家族，围绕着银心高速运动着。总之，宇宙万物一切都在运动中，没有绝对的静止，也没有绝对的中心。

判断物体的运动

你若是一位喜欢思考的人，说到这里，可能就会有疑问，人类是怎么知道太阳在绕着银心运动的？因为人也好，观测仪器也好，都在随着太阳一起运动，又怎能自己判断自己是否在运动？又该如何测出自己的运动速度呢？这就好比坐在火车里的人，看到火车外的房屋、树木在向后运动，这个人是如何判定是自己在动，还是火车外的东西在动呢？

想要知道目标是否在运动，运动又是什么样的，首先要找一个自以为“不动”的参照物。例如，判断太阳系在银河系里的运动，参照物就是银心。然而，人无法站在银心上，该如何判断太阳的运动呢？又是如何测出它的运动速度的呢？

为了弄清这个问题，让我们从头说起。如果要判断地球的运动速度，可以采用这样的办法。**首先，由天文学家观测出地球到太阳的距离，然后找出地球环绕太阳一周的时间，即一个**

地球年的时间，最后就可以测算出运动速度来了。这种办法是先找到运动的距离，再确定运动的时间，最后求出运动的速度。但是，把这个办法照搬到银河系里，就行不通了，因为长时间以来，人们一直不知道太阳到银心的距离，计算太阳围绕银心的运动速度就成了一个大难题。

如何判断太阳的运动

事实上，跟地球相比，计算太阳绕银心运动速度的方法，与计算地球绕太阳运动速度的方法顺序完全颠倒了，也就是先判断出太阳的环绕速度，然后顺便解决太阳的环绕半径。然而，在不知道太阳环绕银心运动半径的前提下，它的环绕速度又是如何确定出来的呢？

判断太阳的运动速度是一个浩大的工程。2013 年，欧洲航天局把一架名为“盖亚”的太空望远镜发射到太空。（放在太空里观测，是为了避免地球大气的干扰）

“盖亚”可真了不起，它创下了天文观测史中的三个“最”：它是天文学史上最强大、最精准，也最昂贵的空间望远镜。它头戴一顶炫酷的“大檐帽”，装在大檐帽上的射电望远镜口径足有 10 米，镜面由 36 块直径 1.8 米的六角镜面拼接而成。望远镜的口径越大，观测到的景象就越清晰，这就使“盖亚”的眼力惊人。它的精确度之高，足能用它在地面上端详月球上的一颗“衬衫纽扣”！“盖亚”升空的目的，就是要给银河系勾画出一幅三维结构图，也顺便把太阳在银河系的位置确定下来。

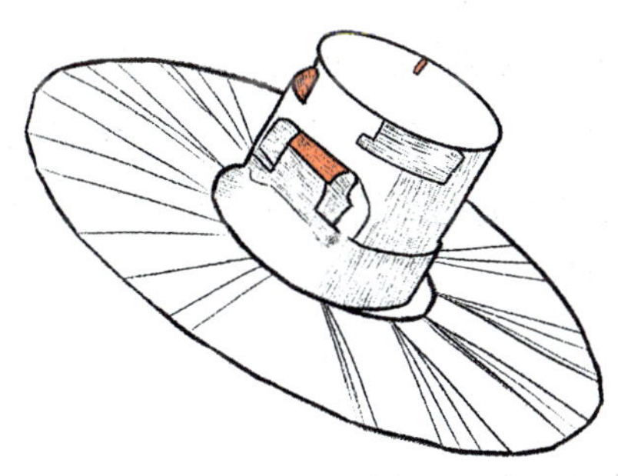

仅只确定太阳的位置就是一项极其艰难的工作。从 2003 年到 2013 年，一个多国组合的研究团队花了 10 年的时间收集和分析天文数据。“盖亚”的升空，使他们最终确定出银河系中 10 亿颗星的位置和运动。银河系有上千亿颗星，这 10 亿颗只是其中的百分之一，但对确定银河系的结构已经足够了。

“盖亚”如何判断这 10 亿颗星的运动呢？**第一步，它能以自身“不动”，去判断其他众星的位置和运动。**而它判断的方法也很特别，这就是借助“光”的变化。如果恒星在动，它发出来的光色就会跟着运动变化，运动越快，变化就越大。这就好比一列高速火车向站台飞驰而来，又从站台高速离去，站在站台上的人听到火车的笛声会有变化一样。这样一来，“盖亚”就可以借助收集恒星发出来的光，判断恒星的位置和运动了。根据“盖亚”收集到的大数据，科学家们确定了银河系中 10 亿颗星的位置和运动，由此勾画出一幅银河系的三维动态图像。

有了银河系的动态图像，下一步就要确定银河系内众星运动的情况，也就是要建立一个银河系众星运动的物理模型。这一工作更加烦琐，必须依靠超级计算机进行。众所周知，计算机只能处理数字，这就要把众星的位置、距离、运动速度等信息全变成数字，由计算机对数字进行加工和处理，最后所显示的银河系众星运动情况也都是数字化的，这就是银河系“众星运动的数字化模型”。

银河系“众星运动的数字化模型”

研究人员先从收集到的 10 亿颗星中，选出了 50 万颗具有代表意义的恒星，将其分为 5 组，每组 10 万颗星。首先，根据第一组星的位置、距离、运动速度等数据，建立一个粗浅的“数字化运动模型”；其次，取出第二组星，利用它们的位置、距离、运动速度等数据，建立另一个“数字化运动模型”，对比这两种模型，抽取出它们的共同部分；再次，与第三组星的情况做对比，就这样一次次地调整与修改；最后，当最终的模型符合了这 50 万颗星，这时所得到的“银河系众星运动数字化模型”就比较接近实际情况了。**正是利用这个模型，研究人员最终推算出太阳环绕银心的速度是 240 千米 / 秒，或者 8.64×10^5 千米 / 小时。太阳绕着银心转上一圈，需要 2.25 亿 ~ 2.5 亿个“地球年”！**

没想到，在太阳上过一年有如此之长！事实上，不只是太阳，在银河系里，绝大部分恒星的银河年都很长，这就是我们从地球上观望夜空，绝大部分恒星总有固定位置的原因。人的一生，充其量是百年，就连人类存在的时间充其量也只有几百万年，在这期间，怎么能看出众恒星的位置有什么明显变化呢？正因如此，人们常以为它们是不动的，事实上，相对银心，它们的运转速度快得不得了，只是一眨眼的工夫，就能飞出几百千米！你说它们是动的，还是不动的呢？**还是那句话，宇宙万物，一切都在运动之中，没有绝对的静止，也没有绝对的中心。**

确定了太阳的旋转速度，就不难判断它的旋转半径，也就是太阳与银心的距离了，这个距离实在是大，它是 2.5 万 ~ 2.8 万光年。在这以前，这个数据一直没有精确的结果。银河系是一个直径 10 万光年的星系，从这个数据可以看出，太阳系位于银河系的一条旋臂上。

出了银河系，再往大了看，银河系也在整体运动着，在茫茫的宇宙中，难道真的没有“绝对不动”的东西吗？难道真找不到一个绝对不动的中心吗？空口说白话不行，能不能拿出一个实验证明呢？这件事，早在一百多年前，就有人去做了。

寻找“绝对不动”的东西

在宇宙中，真的没有绝对不动的东西吗？这个问题困扰了很多人，不如先假定其“有”，再用实验验证其“无”。事实上，很多物理事实，就是通过这种方法判定出来的。有时，与其说是科学在求证“有”，不如说是在求证“无”。相比之下，求证“有”要容易得多，只要你拿出一个“有”的例子就可以了。例如要证明普天之下有“白天鹅”，你只要抱出一只白天鹅就可以了。但要求证“无”就困难得多了，因为你要遍历各种情况，比如你要证明没有一只天鹅不是白色的，即使你抱出了千万只白天鹅，一旦一只“黑色的”天鹅冒了出来，你的结论都要被推翻。

要寻找“绝对不动的东西”，人们也面临类似的情况。**既然找不到一个绝对不动的实物，不妨先假定其“有”，再实验验证其“无”。**这是个不得已的办法，也是一个需要久经考验的办法。直到现在，有没有不动的东西，仍然处于考验之中。

早就有人猜测，绝对不动的东西就在你我的周围，像真空一样，是看不见、摸不着，但又是无处不在的，有人给这个“虚无缥缈”的东西起了个名字，叫作“以太”。从现代的角度看待以太，它可是一个老玩意儿了，然而旧瓶装新酒，“复活”的以太已经失去原有的样子了。

说以太历史悠久一点儿也不为过，它起源于古希腊，是哲学家亚里士多德所假想的一种物质。以太一词英文表达为 Aether 或 Ether，古希腊人以其泛指青天。以太在人类的设想中是不动的，但人类的感官不能感觉到它。

如果把这个神秘的家伙找出来，不仅在确定万物的位置和运动时有了一个绝对的标准，就连物体之间的电磁力和引力，也有了传递的媒介，光的传播也有了依托。

以太的意义十分重大，为此，有人对寻找它产生了极大兴趣。他们是这样猜想的，如果有以太，地球在不动的以太中漂移，一定会“感觉到”有一股“以太风”吹来，风速是 30 千米 / 秒。这“风”是人感觉不到的，也许仪器能测量出来，最灵敏的办法是借助光去测。

于是，著名的美国物理学家阿尔伯特·迈克尔逊设计了一台仪器，让阳光在仪器里形成干涉条纹。如果把它在地面上架好，让它随地球环绕太阳旋转一周，在这一年里，仪器也随地球转上一圈，这台干涉仪有时迎着太阳，有时远离太阳。如果受到“以太风”的影响，在顺光和逆光之下，仪器中的干涉条纹发生变化，借助条纹的变化，就可以判断出有没有以太了。根据他们的估算，如果有

迈克尔逊

“以太风”干扰，应该有 0.37 个干涉条纹的移动，尽管移动很小，但他们的仪器有充分高的灵敏度，就连 0.1 个条纹的变化都可以察觉到。然而，让他们感到惊奇的是，无论地球如何转，干涉条纹始终纹丝不动！

这是一项十分聪明的设计，也是一项非常优秀的实验，但也是历史上少有的一次“失败”的实验，因为它想验证以太的存在，得到的却是一个否定的结果。**然而，正是因为这一实验，让世人摒弃了以太，认识到寻找“绝对不动”的东西，只是一场徒劳，因为它根本不存在。**也正是由于这项实验，让人们认清，牛顿物理的局限性，由此助推了相对论思想的诞生。

这项看起来是“失败”的实验，却成了物理学发展的一个重大的转折点，并因此而闻名。迈克尔逊所设计的“干涉仪”更成为了物理学研究中不可或缺的一种精密仪器，成为很多重大物理实验中的重要角色。迈克尔逊成为了美国第一个获得诺贝尔物理学奖的人，他的合作者是莫雷，这一实验被人们称为迈克尔逊－莫雷实验，它完成于 130 多年前，即 1887 年。

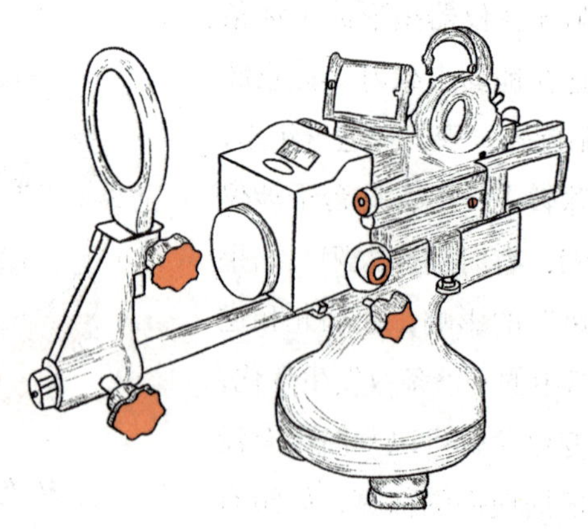

宇宙真的没有中心吗?

没有绝对不动的东西，也没有绝对不动的中心，这两个结论总是让人心里不踏实，因为在我们的眼中，静止不动的东西实在是太多了。再加上人类所看到的环绕运动，无论是车轮的转动，还是行星的运动，总有个中心待在那里，难道宇宙大爆炸和宇宙膨胀都没有中心吗?

日常生活中的所见往往限制了我们的眼界，所以我们会出现各种疑问。现在，不妨把我们的眼界扩大，放眼看看整个宇宙再下结论。

碍于日常的眼光，人们对宇宙膨胀常有一种误解，以为宇宙膨胀就像一个逐渐胀大的球体一样，众星随着膨胀，从一个中心逐渐远去。实际上，球体的膨胀和宇宙的膨胀完全不是一回事，二者之间有本质的区别。球体膨胀是以一点为中心，向着四面胀大，但是宇宙的膨胀没有中心点，而且是各向均匀的。**如果硬要把中心扯进来，宇宙的膨胀是以任何一个时空点为中心向外散开的，通俗地说就是四处开花的。**而这种“开花”的方式在各点上，就连各个方向上也都是一样的，你找不到任何一个特殊的点，也没有任何一个特殊的方向。

宇宙膨胀的方式实在是很奇特，发现它也很艰难。让人没有想到的是，发现这一现象的人，并不是天文学界的知名学者，而是一位刚入行不久的年轻人，这位天文学界的“黑马”，就是爱德文·哈勃。

1917 年，从美国芝加哥大学获得博士学位又参军两年后，哈勃接受邀请，来到加利福尼亚州帕萨迪纳威尔逊山天文台。

哈勃真是很幸运，他在恰当的时间，来到了一个恰当的地方，又得到了一份恰当的工作。

在当时，天体物理学作为一门新兴学科刚刚起步，威尔逊山天文台又是这一领域的观测中心，而在这里，一架当时世界上最具威力的天文观测工具——高约 30 米、口径为 2.5 米的胡克望远镜，经过近 10 年的组装，正好刚刚建成。

这位高大腼腆，又不善交际和言辞的年轻人，立刻踌躇满志地投入天文观测的工作中。对普通人来说，天文观测很新奇，但这却是哈勃日复一日、年复一年的工作。在冬夜的山顶上，要顶住刺骨的寒风；在白天，要面对繁复而毫无生气的数字，一般人会感到寂寞难耐，哈勃一干就是 10 年，且始终痴迷其中。经过 10 年的观测研究，哈勃有了三大发现，这三大发现，彻底改变了人们对宇宙的认识，更改变了天文学发展的走向。

哈勃的第一个发现直接冲击了当时的天文学权威——夏普利。在那时，夏普利正因找到了“宇宙的边界”而赫赫成名，夏普利坚信宇宙的尺度是 30 万光年。在夏普利声望的影响下，这一结果被天文学界的学者普遍接受，然而哈勃却打破了这个观点。

经过哈勃的巡天考察，不仅发现了距离地球有百万光年之遥的新星，还发现了其他几个星系，这些星系的位置都远远超出银河系之外，它们也像银河系那样，拥有千百万颗恒星。**这些结果表明，实际的宇宙要比人们设想的大得多，银河系只是宇宙众星系之一。**这一发现令人震撼，就像当初“日心说”代替“地心说”那样，颠覆了所有人对宇宙的认识。哈勃的这第一个发现，把人们对宇宙前沿的认识向外扩延了几百万光年。

仅这一项就足能奠定哈勃天文学巨匠的地位，但他并没有就此止步，而是再次做出了更大的突破。

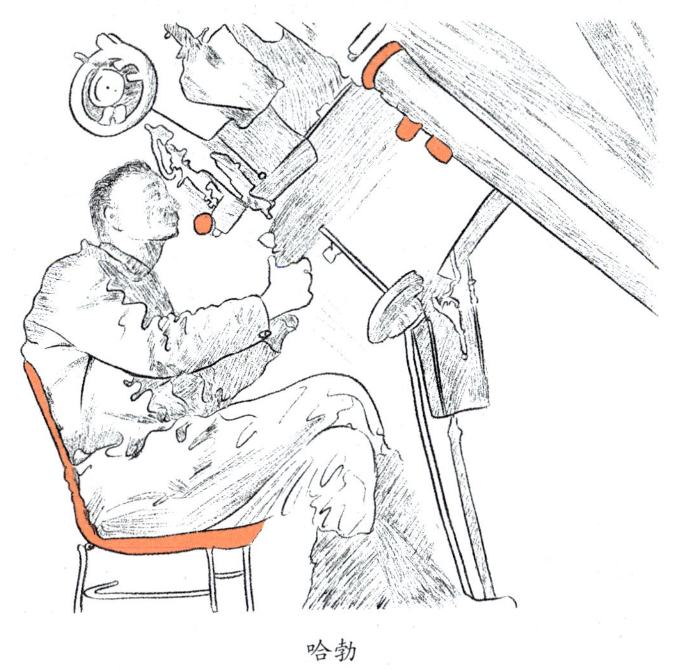

哈勃

1929 年，哈勃有了第二个发现。他对过去发现的星系逐个地重新筛查，结果惊奇地发现，从遥远星系发出的光波波长都变长了，所接收到的光波都朝向红色的一端移动，这个现象叫作“谱线的红移”，它就像高速远去的火车鸣笛声音一样，频率会变低。哈勃由此判定，众星系不仅在远离我们，星系之间也在彼此“远离着”。这个发现再次震撼了世人，原来整个宇宙在膨胀！真是语不惊人死不休，哈勃得出结论，宇宙是由一次大爆炸产生的，如今的膨胀，正是大爆炸的结果。这个结果也直接告诉我们，在宇宙中一切众星皆处于运动之中，无一例外！

既然一切都处于运动中，一切都在向外膨胀着，那么宇宙有没有中心呢？哈勃的第三个发现间接给出了回答。

哈勃利用光谱“红移”量的大小，计算出了遥远星系彼此远离的速度，由此他又有了惊人的发现。**原来，星系间彼此远离的速度与它们之间的距离成正比。**这就是后人所说的“哈勃定律”，而比值就是哈勃常数。哈勃定律的创建，证明了宇宙膨胀是没有中心的。随后，哈勃说出的一句话更是令人震惊，他说：“这意味着，宇宙可能始于一次令人难以置信的大爆炸，也就是宇宙大爆炸。”

宇宙膨胀没有中心

为什么说哈勃的第三个发现——“哈勃定律”间接证明了宇宙膨胀没有中心呢？为了简单说明，不妨把宇宙简化成一维，以小汽车代替众星，做一个粗略的说明。

设想，在一条道路上奔跑着许多小汽车，它们沿着一条直线奔跑着。表面看起来，似乎没什么特别，仔细分析会发现，由于速度不同，它们正彼此远离着。而这种远离的方式，也正代表了宇宙膨胀的奇特性质，这就是“星系之间彼此远离的速度与距离成正比”。

现在，你作为一个观察者，先是站在 O 点的小汽车上，观察其他小汽车的运动，你看到的景象是什么样的呢？你认为脚下 O 点处的小汽车是静止不动的，它的速度为零，你以它为中心（向右为正，向左为负），无论向右看，还是向左看，距离每增加1米，两侧小汽车的速度都在逐渐增加，它们的速度分别是：±1 米 / 秒、±2 米 / 秒、±3 米 / 秒……这样一来，小汽车所占的空间就在不断地胀大，这可比喻为宇宙的膨胀。你也可能认为，宇宙的膨胀就是以 O 点为中心的。难道在宇宙的膨胀中，O 点就是个特殊点吗？我们不妨再换一个观察点。

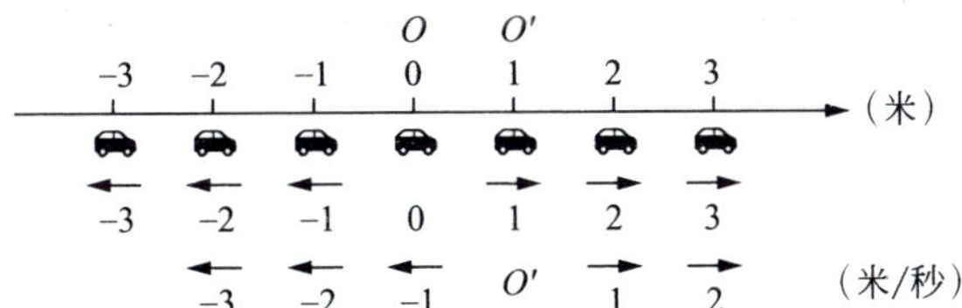

现在，把观察点向右移到 1 米的 O′ 处，这时你看到的情况如何呢？原来距离 O 点 2 米处的小汽车，现在离你只有 1 米，而原来距离 O 点 –1 米处的小汽车，现在离你 –2 米。你视脚下 O′ 的小汽车不动，它的速度为零，而左、右两侧（向右为正，向左为负）的小汽车速度分别变成 ±1 米 / 秒、±2 米 / 秒、±3 米 / 秒……也就是说，你变换了观测点，从原来的 O 点移到了 O′ 点，你所看到的小汽车还是照样远离你而去，在你的视野里，汽车的运行情况没有任何改变，空间膨胀的情况也没有任何改变！

你不妨再把观察点向左移，结果你将发现，无论你把观察点移动到什么地方，你所看到的景象全是一样的。**由此说明，在宇宙中，没有一个点是特殊的，宇宙没有膨胀的中心，因为它根本不存在。**

这个例子说明，正是因为众星按照“哈勃定律”彼此退行，所以宇宙的膨胀是没有中心的。由此，“哈勃定律”不仅揭示了宇宙膨胀的规律，更把膨胀的均一、各向同性与没有中心等特征一起揭示了出来，这开创了宇宙学的先河。

哈勃将毕生奉献给了天文事业，他改变了人们对宇宙的认识。很可惜，当年的诺贝尔委员会还不能认清这一成果的重要价值。1953 年，哈勃因突发心脏病去世，在他去世后不久，诺贝尔奖委员会做出回应，把天文学成果也纳入了具有评审资格的范围里。

2008 年 3 月 6 日，美国发行邮票纪念哈勃，邮票的设计者维克多·斯塔宾在创作手记中写道："哈勃是广袤宇宙的开拓者，也是复杂宇宙的揭秘者，正是他对遥远星系一丝不苟的严谨研究，证明了河外星系的存在，如果他不是在 1953 年突然去世，当年的诺贝尔奖非他莫属。"

研究宇宙物质运动的"空间计算技术"

研究宇宙万物的运动，无论是"没有绝对静止"，还是没有"绝对的中心"，都是涉及物质运动的根本问题，也是相关物理世界的大问题。宇宙如此之大，对类似这样的"大问题"做出结论，无论到何时都不算完结，因为人类对宇宙的认识还是远远不够的。

在宇宙中，对占大约 73% 的"暗能量"和占 23% 的"暗

物质”，人类的认识还处于懵懂之中。也就是说，人类目前可见的宇宙，其实只占宇宙的 4%，是宇宙中极小的部分，而对占 96% 的绝大部分，人类还是无知的。对相关物质运动的大问题做出结论为时过早，还有很多问题等待解决。

可以预料，随着 21 世纪对暗物质、暗能量研究的开展，人类对物质运动的研究面临着极大的挑战。目前，应对如此艰难复杂的情况，人类所开发出的天文观测手段，已经远远地超出哈勃时代的眼观手算。例如，作为 21 世纪十大新兴技术之一，一项称为“空间计算技术”的天文观测手段也随之发展起来。

“空间计算技术”涉及“空间计算”和“量子传感”两大领域。利用这项技术，可以为所要研究的物理世界进行模型化处理。当把真实世界作为参考并创建起一个数字化模型之后，这个真实世界就被一个“虚拟世界”所替代，“虚拟世界”是真实世界的数字化代表。于是，在这项技术之下，一个数字化的物质世界呈现到人们的面前。

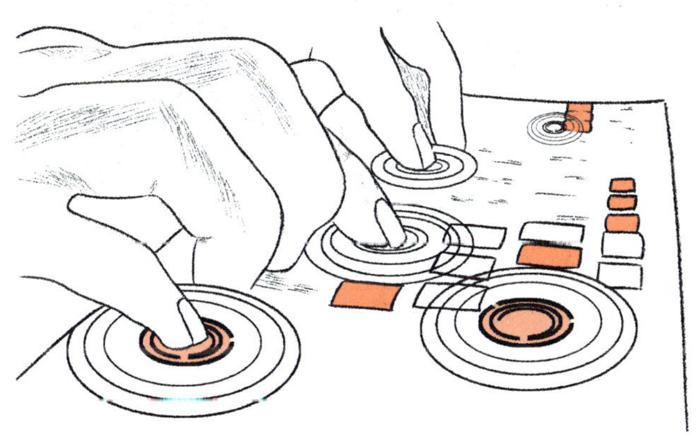

计算机对付不了真实世界，却是处理数字的高手。利用计算机，可以对“虚拟世界”进行加工处理。在“虚拟世界”中，你可以提出任何猜想和假设，替换为数字之后，就可以通过计算机进行计算并查看结果。按照这项计划，天文观测的目标已不再是个别的星体、星系和星团，而是整个宇宙图景，也就是探索宇宙的结构和形成。由此，可以对更大尺度的宇宙区域的物质和运动进行观测，完成宇宙三维天图的绘制。如果获得了整个宇宙的三维天图，人们将能在计算机模拟之下，直观地认识宇宙的形成、暗能量的作用以及星系在宇宙中的运动情况和作用，从而加深人类对“物质与运动”的认识。可以预料，“空间计算技术”将成为人类研究物理世界的一项热门新技术。

03 落体：物体的下落说明了哪些事儿？

掷出一块儿小石头，看着它的下落，这样普通的小游戏几乎人人都玩过，但可能你完全想不到，物体的下落这一普遍现象，牵动着很多东西，甚至可以说，它深不可测。从古到今，研究落体的时间居然长达 2400 多年，至今仍长盛不衰，这究竟是为什么呢？内中隐藏着什么大事呢？

为什么要研究“落体”

“落体”又叫作“自由落体”，是只受引力作用的物体，它的运动就是落体的运动，又叫作“自由落体运动”。从这个意义上说，在忽略阻力时，下落的雨滴是落体，掷出去的石子是落体，发射出去的炮弹是落体，围绕太阳运转的众行星是落体，在银河系中的太阳也是落体，在宇宙中运转的众星系都是落体。

落体一定要下落吗？当然不，事实上，你在地面所看到的雨滴或掷出去的石头，除了受到空气的阻力，还受到地面的“阻隔”。但在更大的物理世界中，连天上的众星都在做着落体运动，因为控制它们运动的基本力就是引力。

“落体”运动看似普通，其中可引申的东西却很多，内中更隐藏着一个普适宇宙的基本原理。从思辨到实验，从地面到太空，不仅参与“落体”研究的人数众多，而且这一研究还牵涉空间技术、材料技术、低温技术、超导和反物质技术。“落体”研究不仅走向了物理前沿，发展起热潮，它更成为了物理学中一些超大课题的基础。

纠正延续近 2000 年的一个谬误

在日常生活中，引力是人们首先注意到的力，而物理学也是从对“落体”的研究开始的。然而，人们常执信于“眼见为实”，这也表现在对“落体”的最初认识上。凭着直觉，不少人相信“重的东西一定比轻的东西下落得快”，就连一些著名学者也是这样想的。

公元前 4 世纪，以亚里士多德为代表的一些希腊学者认为，落体的运动一定受到重量的影响，重的东西一定比轻的下落得快。他的这一思想恰与人们的直觉一致，因为很难想象一根轻的羽毛能和一个铁球以同样的速度下落。于是亚里士多德的说法被毫不怀疑地接受下来，这种说法竟然持续了近 2000 年。

直到公元 16 世纪，一位非常聪明的人——伽利略，发现了这个观点有点儿不对劲。他只用了一个假想实验，就揭开了这种观点在逻辑上的错误，巧妙地用了亚里士多德的观点反驳了亚里士多德的结论。

他的假想实验是这样的，让一个大球和一个小球一起下落，如果亚里士多德是对的，大球一定比小球下落得快，那就把小球拴在大球上，让拴好的球和另一个大球一起下落。按照亚里士多德的说法，就会产生自相矛盾的两种观点，一种观点如图中最右侧的情况所示，因为小球下落慢，大球和小球拴在一起，就会受到小球的“拖累”，下落速度也会减慢；另一种观点如图中最左侧的情况所示，拴在一起的球更重，下落速度一定比大球更快。那么，两个球拴在一起，到底是更慢了，还是更快了呢？如果坚持亚里士多德的观点，无论怎么解释，都不能自圆其说，这表明亚里士多德的观点并不成立。由此伽利略得出结论：**一切物体无论大小轻重，在自由下落时，如果同时放出，都将同时落地。**

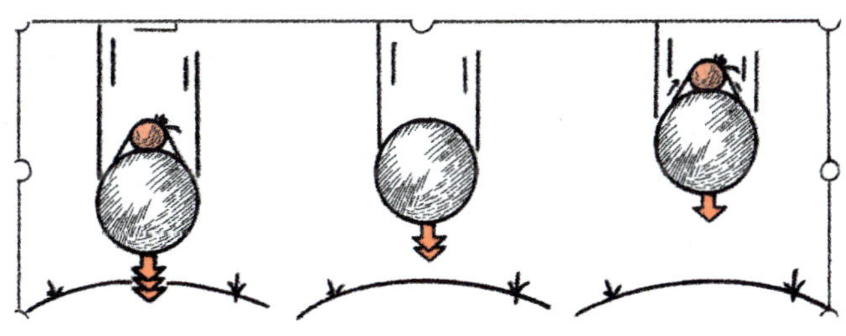

伽利略的观点，总让人感到疑惑。难道，一根羽毛或一片落叶真能与保龄球一起下落吗？没错，这就是落体运动的最大特点！人们之所以对此抱有怀疑，是因为在日常生活中，物体在下落过程中始终摆脱不了空气，是空气的阻力干扰了物体的“自由下落”。羽毛和落叶之所以飘飘忽忽地下落，正是受到空气阻力和气流的影响，在它们质量不大的情况下，就改变了下落的方式，这种下落是受到干扰的，并不是“自由落体”。

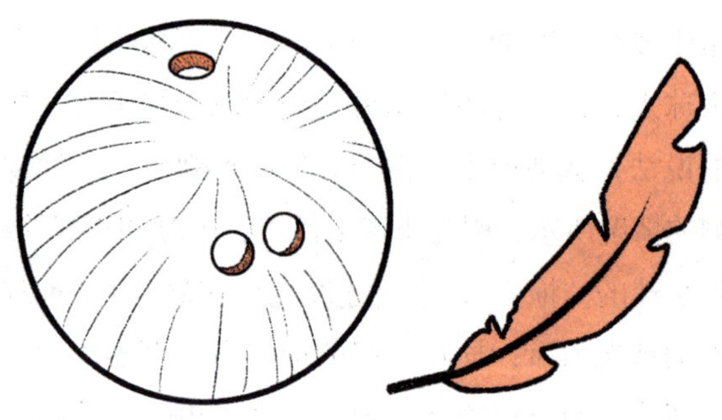

如果没有空气，那情景就和你看到的完全不一样了，不要说羽毛和落叶，就是天上的雨滴落下来，也能给你砸个半死。在高度2500米的云层上生成的雨滴，自由下落到地面的速度要超过每秒220米，已经接近一颗子弹的速度了。这时，你还能畅快地在“雨中行”吗？

不妨做个实验证明，把一根羽毛和一枚硬币放在一根玻璃管中，抽出里面的空气再密封好，让羽毛和硬币在真空管里一起下落。你能明显地看到，它们下落速度是完全一样的，这就是“毛钱管实验”。

据说，1589 年伽利略曾亲自登上比萨斜塔做了一次“落体实验”。[1] 他将一个重 100 磅和一个重 1 磅（1 磅 =0.454 千克）的铁球同时抛下，在众目睽睽之下，两个铁球几乎同时落到地上。1654 年，伽利略的学生维亚尼在《伽利略转》中，对这一实验有过记载。在这一实验后，伽利略还利用斜面消除下落的阻力，做了一系列“自由落体”实验加以佐证，由此纠正了延续近 2000 年的亚里士多德的错误论断。

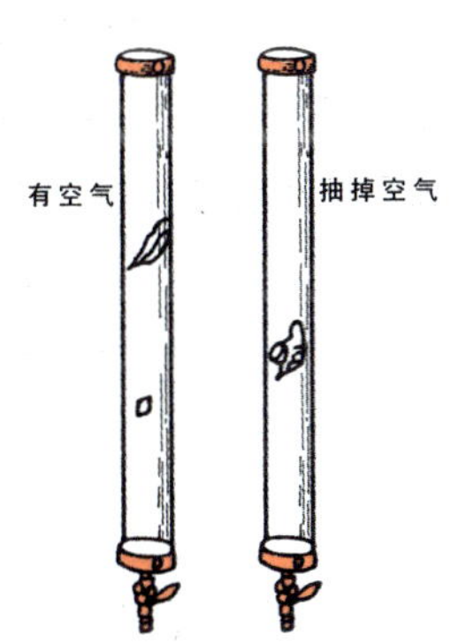

落体研究揭示了宇宙的一个普遍原理

爱因斯坦曾说：“伽利略的发现以及他所应用的科学推理方法，是人类认识史上的最伟大成就之一，它标志着物理学的真正开始。”对伽利略的落体研究，爱因斯坦给予了“最高评价”，认为它“标志着物理学的真正开始”，伽利略被尊为“现代物理学之父”乃至“现代科学之父”当之无愧。

事实上，在落体问题上，反对亚里士多德的大有人在，伽利略并不是最早，也不是唯一的人。在反对者中，有古罗马哲学家卢克莱修、基督教神学家斐罗庞努士、意大利数学家贝尼

---

① 据一些科学史学家考证，伽利略并没有做过这个比萨斜塔实验，做这一实验的是荷兰的著名学者西蒙·史蒂芬。早在 1586 年，他和德·格罗特在代尔夫特，就先于伽利略做了落体实验，并由此否定亚里士多德重物体比轻物体落得快的理论。

德蒂、先于伽利略担任帕多瓦大学数学教授的莫勒提、大博学家达·芬奇，荷兰数学家斯蒂文更亲自做出了实验。为什么唯独伽利略的研究被爱因斯坦奉为“物理学真正的开始”呢？**这是因为与这些人相比，伽利略对落体问题进行了系统的思考，做出了一系列实验证明，给出了完整解释，从理论上探索了自由落体的公式，并用数学进行验证，最后给出了结论：“重物自由下落的加速度与它的质量无关。”**

落体运动看似并没有表面上那么简单，“重物自由下落的加速度与它的质量无关”看似只是一个简单的物理原理，但在更深的层次中，它有着重要的意义，最先挑破了这层“窗户纸”的是爱因斯坦。

首先，“落体原理”是自然界的一个普适原理。它的“普适性”表现在无论物体是什么材料、什么质量、什么大小、处于什么状态，无论是宏观还是微观，无论在地面上、在月球上，甚至到了太阳上，只要是落体运动，这个原理都同样适用。

其次，人们没有预料到的是，从对落体的研究，能够衍生出更为宏阔的理论，进而发展出一个更深刻的“等效性原理”（严格地说是“弱等效性原理”，以下简称“落体原理”）。在它的基础上，发展起来的相对论理论，进而与宇宙结构、物理的大统一理论挂上了钩，成为构建物理学大统一理论中

爱因斯坦

的最关键一环。可以说，这一切发展的基石，都是从落体研究中创建起来的，落体研究是这一切的总开端，它的重要性毋庸置疑。

正是因为落体研究具有重要的价值，如果这一研究不那么精确、完善，导致这块基石出现一点点瑕疵，那么在它上面构建起来的科学大厦就会不稳当。于是，检验“落体原理”的精确性就变得异常重要，即使在伽利略给出结论之后又过去了400多年，落体问题也能够再度成为物理学基础研究的前沿和热点所在。

实际上，有许多物理学家用尽了毕生精力，一直默默地对“落体原理”进行反复验证，“落体原理”的精度不断被刷新。每一次精度的提高，都意味着无尽的艰难，更意味着前方的道路拥有更大挑战。众人仍穷追不舍，简直达到了“鸡蛋里挑骨头”的程度。

为了继续提高精度，能不能找到更高的“比萨斜塔”呢？有人把目光投向了太空，更有人深入原子世界，甚至用上了“反物质”，以期在环境和材质、时间和空间尺度的大幅度变化中，寻觅出这一原理的些许瑕疵。

“太空比萨塔”落体实验

有人突发奇想，为什么不把“比萨塔”搬到太空里呢？这样可以找到比地球更强的引力场，还可以找到两个“超级大球”来做实验。于是，人们想到太阳、地球和月亮这“三体”。地球环绕太阳运行是落体运动，月球在环绕地球运动的同时，也在跟随地球一起绕太阳公转，所以月球也在朝向太阳做落体运动，这“三体”的格局就构成了太空的“比萨斜塔”。利用这个“高空比萨塔”的格局，就可以更精确地验证落体原理，也就是“等效性原理”了。

然而设想简单，实行起来未必如此。在月球朝向太阳进行落体运动的过程中，还夹杂着朝向地球的落体运动。要把月球向太阳进行的落体运动勾画出来，必须先对月球的运行轨道进行精确定位，其中的关键是需要严格而精确地测出月球到地球的距离。然而，这段距离在过去一直是不那么精确的。

于是，一场规模宏大的“落体原理”实验就在太空环境下展开了。太空“比萨斜塔”实验兵分几路进行，其中一路在 20 世纪 70 年代阿波罗计划第九次载人任务中就开始了。在此次任务中有两项“落体实验”：第一项是宇航员斯科特亲手做的落体表演，他在摄像机前，同时释放一把地质锤和一片羽毛。全世界超过 6 亿人通过电视观看了这场表演，见证了地质锤和羽毛同时落地。在月球上，既没有空气浮力，也没有风，更没有空气阻力。这个理想的超大真空实验场地，在地球上是难以实现的，人类持续了大约 450 年的落体实验，终于在这一刻得到了见证！

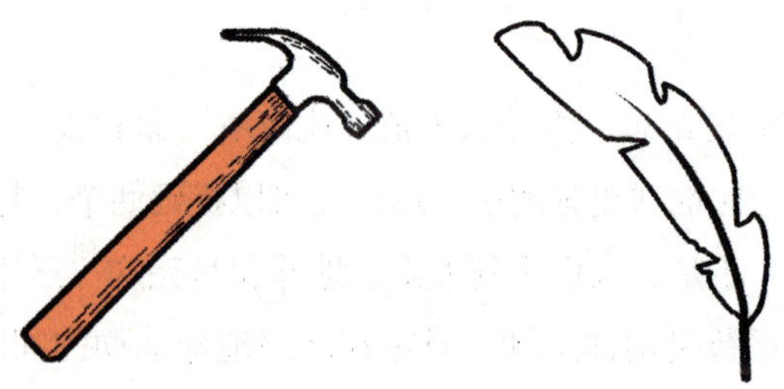

阿波罗登月实施的另一项实验就是为“三体太空比萨塔”实验所做的“月地测距”。为此，宇航员在月球上放置了一面特殊的激光全反射镜，利用这台全反射镜，可以在地面精确地测量出月地的距离。时至今日，这一装置仍在工作着。美国航空航天局还计划未来将“三体”实验扩展到火星上。到那时，落向太阳的两个大球就是地球和火星了。利用它们向太阳的“自由下落”运动，获得“落体原理”的更精确验证。

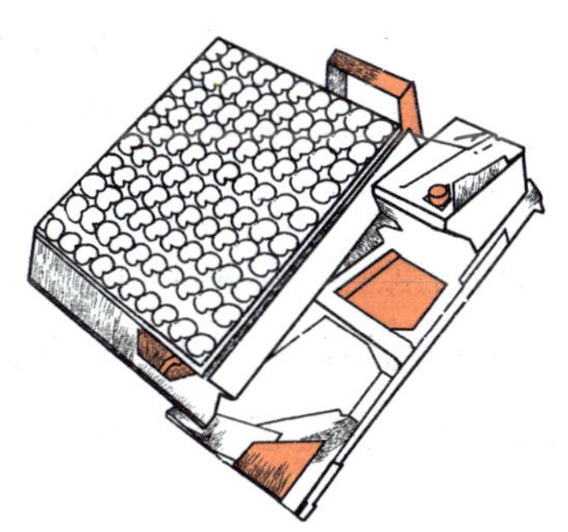

另一个“太空比萨塔实验”

为在太空进行“比萨塔落体实验”，绞尽脑汁的大有人在。2016 年 4 月，法国太空实验室开展了一项“显微镜卫星探测计划”，他们将落体实验搬到了人造卫星上。这一实验既复杂又昂贵，其核心仍是检验“落体原理”。

这个实验的构思非常巧妙，在本次实验中，两个下落对比物不再是球，而是一对只有几厘米长的同轴金属圆筒，一个圆筒由钛合金制造，另一个是用铂铑合金制造，它们在材质、重量和密度上都不相同，两筒彼此独立，之间保持着一点点间隙。把两只圆筒放在卫星上，它们飘浮在卫星中，跟随卫星环绕地球运动，也就是朝向地球“自由下落”。**如若在下落过程中，两个圆筒的加速度稍有不同，就会产生触碰，从而形成信号记录下来。**经过连续两年环绕地球的观测，两个圆筒一直相安无事，经过数据计算，最后的结果以 10^{-15} 的高精度结果验证了“落体原理”，它的精确度超过“三体”实验 10 倍以上。这一结果已于 2018 年 10 月 18 日，发表在《物理评论通讯》上。

原子尺度的“比萨塔实验”

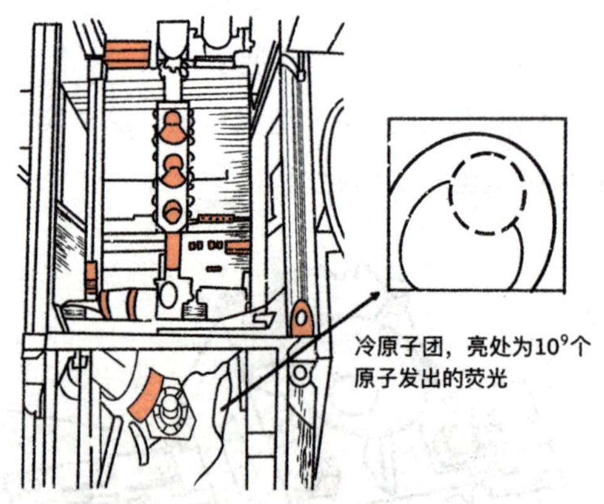

太空“比萨塔实验”的精确度高到如此，是否意味着“落体”研究的终结呢？这样的实验如果还能再向前发展，简直就难以置信了。但是，只要指出其中两点问题，你就会知道这一实验远没有到头，而且越向前走越艰难。其一，如果说实验要验证的是“两球同时落地”，而触碰地面的只是球的表面，严格说来这是不准确的，应该以球的质心同时落地为准。如果说法国“显微镜卫星”的那个实验，要验证的是两个圆筒的同步运转，从严格意义上讲，这两个圆筒各点上所受到的引力并不完全相同。能不能把“落体原理”的验证条件精确到“点”上来呢？这简直就是在“鸡蛋里挑骨头”了。

其二，也是更重要的，如果说“落体原理”是一个普适的原理，除了在宏观大尺度世界里成立，在服从量子规律的微小世界里，这一原理是否也应该成立呢？对此，人们怀着深度的好奇。于是，在原子尺度的环境下，“比萨塔实验”也紧锣密鼓地开展起来。

在原子尺度的环境下，如果“掷出”两个不同的原子颗粒，它们是否也会“同时掷出，同时落地”呢？这一结果要用实验去检验，谈何容易。首先，在原子尺度下，物质的小颗粒开始呈现无规则运动的特征。在这种情况下，该如何做出测量？其次，如果在极短的时间和极小的空间尺度上，完成了这个实验，耗费了人力，花费了重金，原子尺度“比萨塔实验”的结果是否会有更高的精确度呢？对此人们既怀疑又期待。

原子小颗粒可不像普通的重球，由于其运动的无规则性，使它们的运动轨迹非常难掌控。又该如何把它们拿起来，抛下去，再进行测量呢？

中国科学院武汉分院物理和数学研究所（以下简称武汉物数所）成功地完成了这一实验。实验的“重球”是由 10 亿颗原子组成的“原子团”。听上去，原子团的体积很大，实际上它仍然是一个极小的颗粒。在常温下，原子团的无规则运动仍很活跃，其运动的速度可以达到每秒数百米，如果不使用特殊技术，很难掌控它们。为了稳住它们，武汉数物所制造了一台特别的“比萨塔”，让原子团能在一个极其特殊的环境下，完成这个实验。他们所使用的重球，就是经过超低温冷冻处理过的两种原子团，一种是铷–85，另一种是铷–87，这两种原子团的质量略有不同。实验时把它们一起上抛到 12 米高的位置，在它们自由下落时，测量它们的重力加速度是否相同。

武汉物数所使用的“比萨塔”具备多个功能，这是与以往实验的不同之处。其一，它是在超真空环境下工作的，由此免除了空气的阻力和气流的干扰。其二，它有一个温度接近绝对零度（大约 10^{-6} 开）的超冷区。在这个超冷的环境下，能够使原来飘忽不定的原子团被强磁场锁定，“老老实实地”待住。在长达数秒的时间内，它们的无规则运动速度降低到每秒几厘米，达到了完成实验的条件。其三，这个冷冻塔还具备一台超精度的干涉仪，可以测量原子团微小运动，可以测量出 1.25 埃（1 埃是 0.1 纳米，即 10^{-10} 米）或更小的起伏涨落。

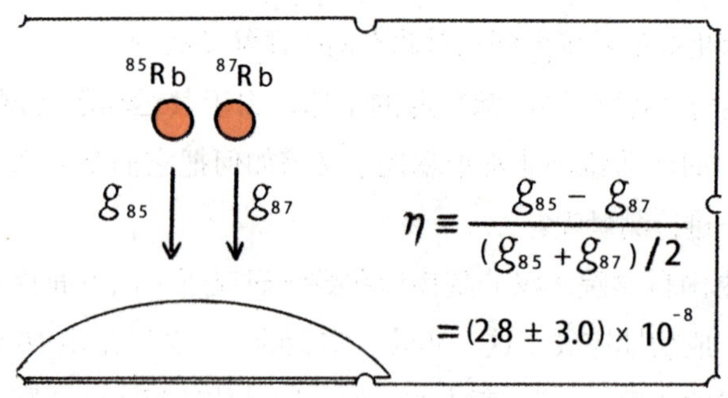

制备好冷冻的原子团，原子尺度的落体实验就可以在这个特殊的“比萨塔”中进行了。武汉物数所的实验组利用一种特殊的“光学黏胶”，把控着原子团，把它们先抛入空中，再在它们自由下落时进行测量。原子团虽小，但是处在完全的“自由下落”过程中，其运动实质与比萨塔实验相同。

你可能会感到奇怪，该如何观测这两个“小重球”呢？实验组利用了激光。在激光作用下，原子团会发出荧光，此时就可以利用干涉仪中的条纹变化，用信号把它们的运动记录下来。

2016 年，研究人员完成了这一实验，结果以亿分之三的精确度验证了“落体原理”。这个实验首次把微观尺度上的“弱等效性原理”的验证推进到亿分之一的数量级。

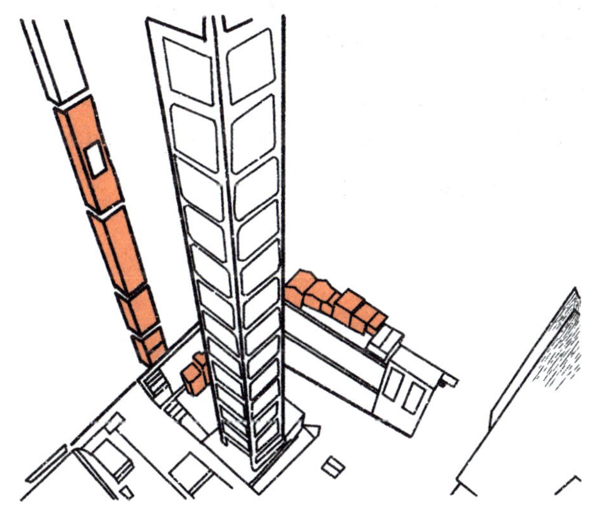

原子“比萨斜塔实验”一举解决了两个重要的问题，一个是在微观尺度下，以更大的范围验证了“落体原理”的普适性；

另一个是解决了“落体触地”的问题，使实验的精确度更加可信。

天上、地上、宏观、微观，近 400 多年来，人们以不同的方式如此精确地验证着“落体原理”。到目前为止，实验的精度达到 10^{-15}~10^{-10} 的数量级，所有的实验都一致地证明了它是成立的。

人们之所以对“落体”进行坚持不懈地研究，是有深度缘由的。“落体原理”成立与否、有无瑕疵，都关系到广义相对论和量子物理在未来是否能统一和谐起来。无论最后结果如何，“落体原理”都将对物理学产生巨大震撼。然而，到目前为止，这一原理验证的精确性不断攀升，但其瑕疵始终没有“现身”。

“比萨斜塔实验”中蕴含的思想，先后在亚里士多德、伽利略、牛顿、爱因斯坦等伟大思想家们的脑海中不断升华，它的拓展也关系到人类认识自然世界的边界。到目前为止，在人类探索未知世界的旅途中，“比萨斜塔实验”研究依然处在物理学科研究的前沿之中。一块小石头的落地，可以引发出如此宏阔的研究，你能说落体还是件“小事”吗？

04 力：它的本质是什么？

我们已经知道，周围一切所谓的“实物”，包括你在内，实质上就是一团“原子”。原子之间是空的，原子的内部也是空的，无论是什么“实体”，其实都是一个“如云似雾”的存在。

日常生活中的力

你一定会问，既然周围的一切都是“虚空”的，为什么我们不能像“一团雾”或“一片云”那样，彼此穿行呢？为什么一块石头砸到头上还会头破血流？为什么在踢球时，脚没能穿进球里呢？甚至，你坐在椅子上，为什么没有从椅子上漏下去呢？回答这样的问题，可就不再那么简单了，因为除了“如云似雾”的存在，你还必须考虑到力的作用。

或许可以这样答复你，之所以你不能穿墙而过，没有从椅子上漏下去，能被石头砸得头破血流，不是因为接触到的这些实物不够空旷，而是因为你遭遇了“力”的抗拒。现在，就来说说我们周围的力。

在日常牛活中，除了引力以外，还有碰撞力、压力、推力、拉力、承载力、弹力等，尽管它们作用的方式不同，但从本质

上说，都来源于一种名为“电磁力”的力的作用。这些电磁力产生于原子之间的相互作用。更确切地说，它主要是原子外围电子间的相互作用。这种作用距离越近，斥力越大，并且不允许原子之间有“亲密接触”。正因如此，看似你坐在椅子上，实际是“悬浮”在椅子上。这是因为你的身体和椅子之间必须保留一层缝隙，如果这层缝隙一旦减小或失去，你身体上和椅子上的原子外围电子间的斥力就会陡然增大，大到远远超过你的体重，这一斥力一定会把你弹起来。如果你不相信，就想想摔跟头吧。之所以会摔个头破血流，是因为人和地面进行了“亲密接触”。你将亲身体会到，这个电磁力大到让你难以承受。

就目前所知，一切力的相互作用，本质上都可归咎于 4 种基本力——电磁力、引力、强力以及弱力。而且，从理论上说，每种基本力都是由一种基本粒子来传递的（传递引力的引力子尚未被发现），例如让磁铁之间互相吸引的磁力、接触力（包括摩擦力、弹性力）在本质上就是属于电磁力。

物体之间的电磁力是通过物体彼此间的“交换光子”表现出来。**也就是说，电磁力的本质是一种“光子交换力”。**

为了说明这个“交换力”，不妨做个粗浅的比喻。在打篮球时，你和队友的传球，无论是掷球还是接球的瞬间，双方都能感觉到有力的作用，这就是“交换球”的作用力。掷球和接球越是频繁，所掷、所接的球越小，力的作用也就越均匀。电磁力就是成亿万万光子在频繁交换中产生的，它就是一种量子起源的力，只是你感知不到量子间的作用，你所感知的只是它们在宏观上的表现而已。

一切日常的碰撞力、支撑力、压力，甚至包括静电力和磁力，从本质上都是交换光子量子行为的宏观表现。如此说来，量子现象离我们远吗？不，它就在我们的身边。只不过你所接触到的，是大量量子行为的平均效果而已。可能你会问，既然从本质上说，一切日常的力都是交换光子的电磁力，那为什么在推动物体时，或者两块磁铁相互吸引时，我们看不到交换光子所发出来的光呢？

隐藏在真空里的“虚光子”

原来，传递电磁力的光子并非普通的光子，而是一种“虚光子”。在交换过程中，它们存在的时间极其短暂，短到不仅你看不到，而且任何灵敏的仪器都难以捕捉到。既然看不到也测不到，又怎么能知道有“虚光子”的存在呢？“虚光子”又是如何传递电磁力的呢？

一开始，“虚光子”并非是在实验中被发现的，而是在用量子理论解释电磁相互作用时，在理论上推测出的一种“粒子”。这样的事并不奇怪，在物理学中，许多“物理实在”都是从猜测或理论上预言出来的，正电子就是一个典型的例子。

之所以说“虚光子”是一种“光子”，是因为这样的粒子也具有光子的一些特征，如波动性和振动频率，可以吸收、携带和释放电磁能量等；而说它是“虚的”，则是因为当它拥有能量时，存活的时间极短，短到用任何测量手段都无法把它们检测到，这就是在日常的相互作用中，你看不到虚光子发光的原因。

除此以外，“虚光子”还具有很多奇异的性质，例如它没有与光子对应的质量，可以沿时间反演，可以以超光速运动，甚至还“大逆不道”地不遵守能量和动量守恒定律。这样的事，在“规规矩矩”的光子身上，绝不可能发生，“虚光子”却可以“越线”。

虽然“虚光子”不能被测量到，它们的能耐却不小，日常物体间的相互作用，包括电磁作用，没有它们不参与的。你可能还会问，为什么要惹这番麻烦，非要鼓捣出一个“虚光子”

不可呢？这是因为出现某些相互作用，如静电力或磁力的相互作用，或发生电磁感应现象（如互感作用）时，静电场和磁场的迅速产生或迅速消失，都无法用光子来解释，其间的作用力也无法用光子来传递。即使光子的速度很快，它的速度也是有限的，它不可能携带着信息，从一个位置瞬间到达另一个位置，但“虚光子”却可以做到。

该如何用“虚光子”解释电磁相互作用呢？以两个电子的相互作用为例，根据量子场论，在一个电子附近，可以拥有很多“虚光子”。这些“虚光子”随机从一个电子身上“借来了”能量以后，在短时间内很容易被这个电子射出。在“虚光子”被附近另一个电子吸收的同时，第二个电子把“虚光子”所“借来的”能量又及时地“偿还”给第一个电子。在能量和动量发生传递与转移的同时，就产生了“电磁力”的作用。

从上述的解释中，可以看出三点。第一，看起来，这个传递力的过程确实与宏观世界中的“传球与接球”相似，但它们有着本质的不同，电磁力所传递的并非是实物，用传球做比喻，只是一种通俗的解释，实际过程并不像传球那么简单。第二，在交换“虚光子”的过程中，产生了力的作用。由此可以看出，我们所说的“力”，实际上只是一种能量和动量传递与转移的方式而已，而负责这种转移的“小东西”又是虚无缥缈的。第三，让我们反过来再设想一下，如果两个电子的相互作用不是通过“虚光子”，而是通过光子进行传递的，会发生什么情况呢？当一个电子发射出一个光子时，这个电子就会转化为一个电子加上一个朝反向运动的光子。显然，发射出光子以后，电子不知何故地平添了一份来源不明的能量，这个过程将打破能量守恒，所以光子不可能完成这个过程，但“虚光子”的存在，使这样的电磁过程照常进行。

“虚光子”扑朔迷离，谁也看不到，但它总不离左右地伴随着我们。一贯相信“眼见为实”的人都会似信非信，该到哪里找到这些“虚光子”呢？又该用什么样的实验证明它的存在呢？

“卡西米尔效应”与“卡西米尔力”的预言

在自然界，在我们的周围有大量的“虚粒子”存在，实际上，它们活跃在一切空间里。我们该如何看待“虚粒子”呢？首先，要想认识“虚粒子”，就必须对“真空”有正确的认识。**真空并非像你想象得那样“空无一物”，也不像你想象得那样平静，真空中活跃着大量的“虚粒子”。**“虚光子”就是“虚粒子”的一种，但你无法感知它们的存在。实际上，自然界绝大部分东西，你都是无法感知的。活跃的真空，时刻处于不可掌控的、不可预知的随机“能量涨落”之中。这种涨落也快得让你根本发现不了，但它们所产生的效应却是不可忽略的。

正因为真空能量的随机涨落，使真空中充满了大量的“虚粒子对”。随着真空能量的“量子涨落”，有大量成对的“虚粒子”出现，但一经出现，又可能随时“湮灭”，快得让任何仪器都难以检测出来。

该如何理解这种随机出现的量子现象呢？原本，在我们的认知中，任何物理现象都不是凭空出现的。其实，这只是一种经典物理学的认识，但大自然却不完全是这样的。事实上，在大千世界中，大多数物理现象是人类观测不到的，它们也是人类认为的“毫无缘由”的现象，“量子涨落现象”就是如此。

真空中“虚粒子对”的出现或消失，正负电子的产生或湮灭，包括宇宙创生，都是“量子涨落”的结果。你不知道它们何时发生，何时结束，你也找不到它们出现的理由，而像“量子涨落”这样毫无缘由的现象，在自然界大量存在。

正是“量子涨落”使“空无一物”的真空具有了“物理特性”。那么该如何感知真空的“物理特性”呢？又该如何确知真空中“虚粒子”的存在呢？

卡西米尔

1948 年，工作在荷兰菲力普科研实验室的理论物理学家亨德里克·卡西米尔首先从理论上给出了回答。他利用量子场论，不仅预言了“虚粒子”的存在，还预言了一种奇异的现象——真空中有大量的“虚粒子”。卡西米尔拿来两块不带电的金属薄片，把它们平行但彼此不接触地放置在真空里。当它们近到一定的距离时，就会出现一种莫名其妙的吸引力，它既不是静电力，也不是万有引力，而是一种由真空中的“虚粒子”给出的力。这个力的出现表明，真空具有其“物理性质”，“虚粒子”也可以产生在宏观上可以测量出来的实在力。后人称这种现象为“卡西米尔效应”，把这种力叫作“卡西米尔力”。又因为按照经典物理观念，它出现得“毫无缘由”，又有人把它称为“虚无之力”。

按照一般人所想，真空竟然也能有力的作用，实在毫无道理，但依照量子理论，“虚无之力”并非毫无缘由。**原来，在真空中充满了不同波长的“虚光子”，它们异常活跃地出现着、消失着。**把两块不带电的平行金属薄片放入真空中，刚开始，什么事也没有发生，但如果把它们的距离缩小、再缩小，当距离小于真空中长波“虚粒子”的波长时，奇迹就会出现了。此时，两块金属片间的长波“虚粒子”将被消除，其间的“虚粒子对”密度随之降低。真空中“虚粒子”的平衡被打破，从而使金属片受到向内侧的压力。“虚无之力”就这样出现了，它正好可以说明“真空不空”，并证明“虚粒子”的存在。这个想法只是卡西米尔的预言，这样的情况真能出现吗？

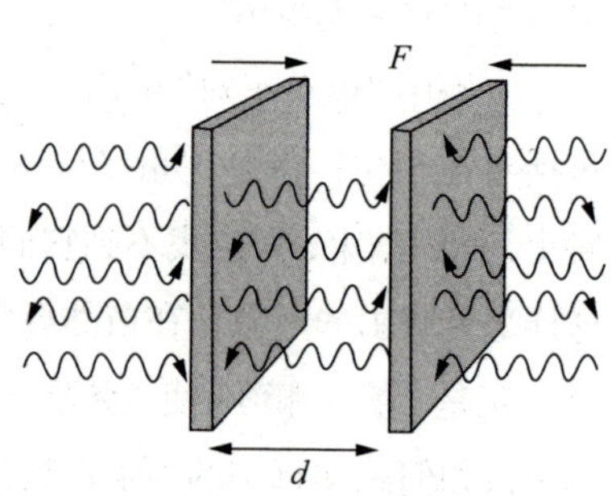

“卡西米尔力”的测量

想要用实验探知“虚光子”是否存在，需要应对两个难点：第一点，“虚光子”存在的时间极短，超出了人类测量手段的时间底线；第二点，当两个带电体相互作用时，你只要出手测量，两个带电体发射和吸收“虚光子”的作用也就戛然停止。有人说，根本无法确知这些“小东西”是否存在。

卡西米尔提出他的假想实验以后，不少人对“虚粒子”的真实性存疑，毕竟这项实验的难度极大，除了理论上的好奇，很少有人关注到它。于是，卡西米尔效应被束之高阁，几乎有半个世纪没有人过问。

近年来，卡西米尔效应开始受到两方面的关注。一方面，随着芯片的开发与大量应用，小尺度的精细制作使一些实验物理学家们开始意识到非接触性的微尺度精密仪器的重要性。在过去，有人利用声波的压力操控微小物体，制造出“声学镊子”；有人利用激光的光压，制造出“光学镊子”。现在，“卡西米尔力”向人们展开了一个新的领域，“卡西米尔力”有可能提供一种新的非接触性操控方法和测量手段。例如，利用非接触的“卡西米尔力”开发出“真空微观测力计”，借此可以大幅地提高测量的精确度和细微度。如果这一设想实现，便可以应用到多个领域，如化学、芯片等量子器件的设计与制造上。

另一方面，卡西米尔效应还引起了理论物理学家们的关注，特别是研究统一场论的一些理论物理学家们。他们认为，由于“卡西米尔效应”的出现，有可能还存在另外一种自然力，这就是所谓的“第五种自然力”。精确测量卡西米尔力，刚好可以验证这个猜想。此外，既然卡西米尔力来自人们认为“空无一物”的真空，似乎有了它的存在，空间就可以向外施展张力或压力，那么卡西米尔力不仅可以提供非接触性的力，而且还可以抗衡宇宙物质的万有引力。有人由此猜想，是否正因为卡西米尔力的作用，才导致宇宙加速膨胀呢？是否在卡西米尔力的背后，有暗能量的支配呢？

如此看来，卡西米尔力的测量至关重要。近年来，卡西米尔效应的研究不仅走到了物理学进展的前沿，而且成为了人们研究的热点。

然而，这个力实在是太小了，小到很难观测到它。例如，在真空状态下，当两块金属片彼此接近时，只有近到微米数量级，这个力才能显现。**理论计算表明，两块 1 厘米见方的金属片之间距离近到 1 微米时，卡西米尔力大约只有千万分之一牛，这个力比直径只有 0.3 毫米的一颗小水珠的重量还要小！**

尽管卡西米尔力相当微弱，但它的存在绝不可忽视。首先，在微米尺度下，与其他微观力相比，它是一个“很强的力”。例如，当两个原子距离 10 纳米时（这个距离是典型原子尺度的 100 倍），只凭卡西米尔力，就可以产生相当于 1 个大气压的效果。卡西米尔力几乎就是微观力的霸主！谁能想到，它的施力者竟然是“真空”呢？难怪人们称它为“虚无之力”。

其次，卡西米尔力在我们的生活中已经常常露面了。与微观物理世界相比，尽管我们生活的世界尺度很大，但是在纳米器件或微电子系统中，仍会遇到“小尺度”问题，卡西米尔力就是在小尺度中出现的。例如，在芯片元器件的制造中，人们经常发现，小小的元器件常会出现“无端的”彼此粘连的现象，一些细小的导线，也常常毫无缘由地附着在小器件上。人们常常以为这是静电力，其实它们是卡西米尔力的显现。

卡西米尔力的存在果然被实验所证实了。1996 年，洛斯·阿拉莫斯国家实验室的拉莫卢克斯研究组，想出了一个测量卡西米尔力的好办法。他们使用了一个直径 4 厘米镀铜的晶体小球和一块长、宽都是 2.5 厘米的镀金石英板。当它们的距离近到几微米时，利用扭秤测量出它们之间的卡西米尔力，所得到的结果与理论的预言只有 5% 的误差。

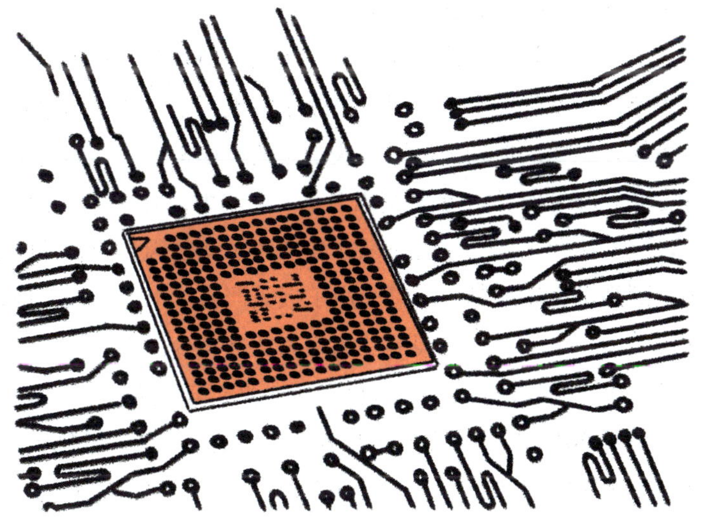

拉莫卢克斯研究组的结果是个不小的突破，不少人也在尝试着用其他的实验方法进行研究。1997 年，加州大学河滨分校的尤马尔·马哈丁研究组使用了一种“原子力显微镜”。这是一种带有尖针的微测量仪器，他们把一颗直径 200 微米的镀金聚乙烯球，装到显微镜的尖针上，调节仪器，让小球逐渐接近一块镀金板。当两者距离近到 0.1 微米时，所测到的卡西米尔力以 1% 的精确度接近理论计算值。几乎与此同时，瑞典皇家科学院，也同样利用原子力显微镜做了这项实验，也得到了精确度 1% 的实验结果。

你可能会问，为什么这些实验都用了金属球，而不是卡西米尔所提出的平行金属片呢？原因很简单，要使两片金属片的距离接近微米数量级，对金属片的制作要求就太严格了，它们不仅要轻而薄，表面还要有理想的光滑度，还要平整不得弯曲，实现这样高精确度制备是极其困难的。

但也有人选择使用金属片进行实验，2002 年，意大利帕多瓦大学的加安尼 · 卡卢诺研究组终于实现了卡西米尔的原始平行金属片实验。他们使用了两块平行的镀铬板，当它们的距离接近 0.5 ~ 3 微米时，果然测出来卡西米尔力，只是与理论值相比，误差达到了 15%。之所以误差较大，就是因为金属片的加工受到精确度的限制，尽管采用了极其严格的加工步骤，但在它们的距离极近时，不同部位的距离竟然有 6 倍之差。但可喜的是，他们依旧实现了半个多世纪前卡西米尔的预言。

到了 2013 年，香港科技大学、佛罗里达大学、哈佛大学、麻省理工学院和橡树岭国家实验室纷纷报道，他们利用集成硅芯片测量出了卡西米尔力。

实际上，在芯片的设计和制造中，卡西米尔效应已经成为不得不考虑到因素之一。更有意思的是，如果把彼此靠近的物质替换成其他的材料，卡西米尔力还可以由“吸引”转换为“排斥”。利用排斥式的卡西米尔力，可以使芯片元器件之间保持适当的距离。目前，哈佛大学的一个研究组正在利用卡西米尔斥力，制造出没有摩擦力的微观小轴承。

总之，真空中的卡西米尔力向人们展示出无限的前景。在展望这些前景的同时，是否你也体会到，对日常力的“刨根问底”，有着无限的空间呢？

05 质量：它是一成不变的吗？

在物理学中，质量是一个最基本的概念，只要开始学物理，首先出现的就是力和质量这两个概念，它们是整个力学的基础。

由于常常遇到质量这个概念，所以你对它很熟悉。用一架天平，你可以很快地把质量称量出来；在突然刹车或急转弯时，你也可以在不经意间感受到它；在化学实验里，又有学者多次验证了质量守恒；它既出现在牛顿第二定律公式里，也出现在万有引力公式中。正因为质量频频出现，使它看起来十分普通，然而，对这样一个普通的概念，你真的了解它吗？

物理学是一门逻辑严谨的科学，无论研究任何问题，最讲究的是基本概念的严格定义。质量就是一个最基本的物理概念，很多有关物理的思考都是从这个概念开始的，不少力学规律也是以质量为基础建立起来的。正因为质量有如此重要的地位，它的定义应该是清晰的、完备和一致的。然而自从质量这个概念出现以来，它就是混乱不清的，甚至随着物理学的发展，伴随它的谜团越来越多，牵涉的问题也越来越复杂，到了哪一步才算是清晰起来了呢？直到现在也不得而知。让我们从头开始，把质量这个概念梳理一下，看看它的症结到底在哪里吧。

早期的质量定义

早在古希腊时期，人们就注意到了质量，那时对质量的解释众说纷纭。经过上千年的摸索，直到牛顿时代，质量终于有了一个统一的说法。**在《自然哲学之数学原理》中，牛顿明确定义质量是“物质之量”，也就是质量是物体含有物质的多少。**

牛顿的质量定义看似易懂，实际却是含混不清的。天下万物种类繁多，该用什么来量度物体所含物质的多少呢？是它们所含原子数的多少呢？还是所能释放能量的多少呢？对这样的追问，牛顿力学难以做出准确的回答。

例如，氢原子和铁原子明显不同，同样体积的匀质煤粉，煤的种类也各不相同，燃烧之后释放的热量也不一样。不同的物质，如石头、水泥、木头、月球、地球、水和空气，更是难以比较它们所含物质的多少。如果说，对不同的种类的物质，“物质的多少”可以用天平称量出来，那么在没有重力的环境下，天平不再起作用时，“物质的多少”又该如何判定呢？于是，“质量是物体含有物质的多少”的这个最原始定义给人们出了一道难题。看起来，必须找到物质的普遍性质，也就是挖掘出物质共有的、普遍的、又是固有的性质，从这个普遍性质中给质量进行定义才是可行的。

虽然质量的原始定义并不清晰，但并没有阻碍物理学研究的进展。通过对运动的研究，人们认识到，无论什么样的物体，都有保持自己运动状态的性质。在没有外力作用下，静者恒静，动者恒动，这就是物体的惯性。惯性是天下万物所共有的、普遍的和固有的性质。不同的物体，惯性又各有不同。例如，当一只乒乓球和一只铅球以同样的速度飞来，要想让它们停下，必须用力去制止。显然，阻止乒乓球要比铅球容易得多，惯性的大小成为了质量的量度。**于是，在建立了牛顿力学以后，质量就从“含有物质的多少”演进到质量是“惯性大小的量度”，此时的质量就成为了“惯性质量”。**

在牛顿第二定律公式 $F=ma$ 中，物体加速度的大小 a 与所受力 F 的大小成正比。表面看来，在公式中惯性质量 m 是以比例常量的地位出现的，但是绝不能根据牛顿第二定律公式，把“惯性质量”只看成一个比例常量。道理很简单，即使没有第二定律，或者即使物体没有受力，它的“惯性质量”依旧存在，与运动的改变与否没有关系。注意，此时所说的是“与运动的改变没有关系”，而不是与运动无关。

“引力质量”的出现

当质量概念发展为“惯性大小的量度”时，问题是否就解决了呢？仍然没有，为什么物质的多少会与惯性有关呢？为什么物体具有惯性呢？惯性真是物体“自身的”固有性质吗？从惯性质量概念提出的伊始，一些人对这些问题就穷追不舍，关于质量的争论不仅没有结束，反而更加激烈了。

这些问题的重点集中在“惯性”的本质究竟是什么。牛顿认为，惯性是物质自身的性质，与周围的其他环境无关。但是，持相反看法的大有人在。其中最著名的就是物理学家恩斯特·马赫。

在驳斥牛顿的“牛顿桶”实验时，马赫对物体的惯性提出了自己的看法。他认为，一个物体之所以表现出惯性，也就是表现出具有“维持自己原有运动状态”的性质，道理很简单，这只是由于受到了天下万物吸引，是这种引力在“拽引”物体，使物体难以“改变原有的运动状态”。如此一来，马赫不仅揭露出惯性的实质并不是什么“物体自身的固有性质”；相反，它不仅与周围的环境有关，还与“天下万物”有关，是一种“引力”的效应。

马赫的说法无法通过实验验证，但也无法被推翻，他的说法把质量与“引力”联系了起来。由于一切物体都是引力的源泉，一切物体都具有吸引他物和被他物吸引的性质，所以引力也是物质共有的、普遍的、又是固有的性质，这种性质照样也可以作为质量的定义。**于是，在这种观点之下，质量又演进出一个新的定义，即“质量是物体吸引他物，或被他物吸引的能力大小的量度”，此时的质量被称为“引力质量”。**其实，天平所称量出来的就是引力质量。

引力质量也在牛顿的引力定律中表现了出来。根据牛顿的万有引力定律，任何两个物体之间都存在引力作用，引力的方向在两物体的连线上，大小与两物体的质量 m_1、m_2 的乘积成正比，与两者距离 r 的平方成反比，即

$$F_{引} = G\frac{m_1 m_2}{r^2}$$

其中，G 为万有引力常数，质量 m_1、m_2 恰恰反映了物体引力作用的大小。如果把 m_2 作为引力源，则 m_2 越大，它所施出的引力就越大；m_1 越大时，它所施出的引力也越大。从这个角度来看，引力质量就是产生引力大小的量度，引力质量就这样被定义了下来。

引力质量的出现，使一个值得深思的问题也随之而来。虽然“惯性”和“引力”都是物体共有的、普遍的属性，但两种属性之间却完全不同。分别以这两种属性给出的质量定义，它

们是否会彼此矛盾呢？如果它们之间有着普遍的、严格的正比关系，只要调整好单位，它们就可以统一起来，不用再刻意区分它们，但如果不是这样呢？都说牛顿通过他的运动定律和万有引力定律，把地上和天上的运动统一了起来，这是牛顿的伟大功绩之一，如果惯性质量和引力质量不可调和，天地之间的运动还能统一起来吗？

1686 年，牛顿利用单摆曾做了一个简单的实验，在千分之一的精度上，实验证明惯性质量和引力质量是一致的，于是他假定两种质量是统一的，不再可分。**实际这个实验的结果远远不够，两个质量的等效性既需要从理论上论证，也需要更严格的实验证明。**于是，引力质量与惯性质量之间的较量就这么展开了，其时间之久，耗费人力、物力之巨都是难以估量的。

牛顿之后，惯性质量和引力质量的等效性经受了 300 多年的考验，直到目前仍在进行当中。现在，让我们仍然沿着原有的思路，接着说一说质量概念的复杂化。

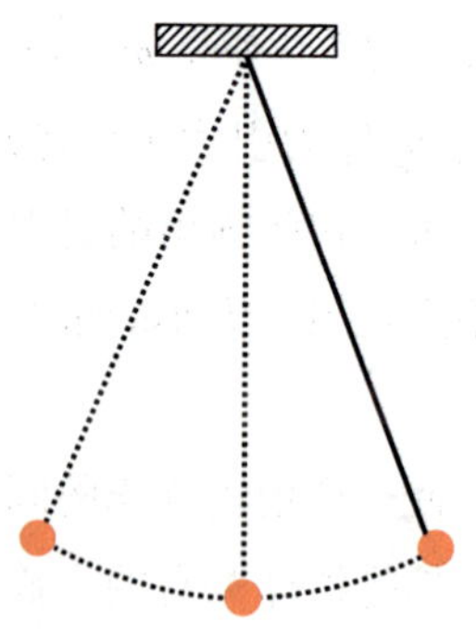

质量再度复杂化

在爱因斯坦的狭义相对论中，质量再度复杂化。质能公式的出现，使质量与能量挂钩。爱因斯坦的质能关系式为

$$E=mc^2$$

可以得知，由于光速 c 是一个普适常量，任何物质的质量与能量都是不可分的。如果在一种反应中，例如化学反应或核反应中，物质的质量有了减少，即使减少一点点，由于光速 c 是一个很大的量，物质所释放出来的能量也将是一个很大的量。由此，质能关系不仅提供了利用原子能的理论基础，更在核反应过程中被反复的实验所证实。

曾经，在牛顿力学中，质量和能量之间是相互独立的；现在，在狭义相对论中，质量不仅与能量挂上了钩，甚至还可以扩展为能量。在牛顿力学中，质量守恒和能量守恒也是分别独立的，而现在却成为统一的质能守恒定律，这使质量概念再度复杂化。

质量与能量的不可分，充分表明质量与运动的不可分。在狭义相对论中，质量与运动的密不可分已经明确地表现在质量的相对性上。狭义相对论公式为

$$m_u=\frac{m_0}{\sqrt{1-\frac{u^2}{c^2}}}$$

其中，m_0 是物体的静止质量，m_u 是物体运动起来的质量，u 是物体运动的速度，c 是光速。从上述公式可以看出，随着运动速度的加大，物体的质量也随之加大，当速度接近光速 c 时，质量将趋于无限大。到了此时，你还能说质量是物体的固有性

质吗？

在日常生活中，一般物体的速度不可能太大，质量的变化几乎看不出来。以一只棒球为例，它的质量大约是 145 克，目前棒球击打速度的世界纪录是 169.14 千米 / 小时，也就是大约 47 米 / 秒。这一纪录是在 2010 年 9 月 24 日由古巴球员查普曼在美国加利福尼亚州圣地亚哥的一次棒球赛上创造的，这一纪录一直保持至今。按照上述公式，可以很容易地计算出来，棒球的运动质量只是它静止质量的 1.000 000 000 000 13 倍，查普曼击打出去的棒球的质量几乎看不出来有什么变化。

但是，如果这只棒球以接近光速击打出去，情况可就完全不同了。先不去管棒球手如何做到这一点，如果只考虑相对论效应的话，这只高速棒球的质量将由原来的 145 克变为 329.55 克了。

超高速下棒球的质量增加了两倍多一点，看似没有什么，但是在高速情况下，这个棒球所引发的现象就十分骇人了。**高速棒球在空气中穿行，将引起周围空气强烈地激荡，每个空气分子就像高速子弹那样冲击棒球，引起棒球瞬间产生高温与高压，甚至达到“核聚变”的条件，它有可能成为一颗爆炸的核弹！**

如此看来，我们生活在一个低速的世界里，一切物质都十分地“安分”，这简直就是件幸事！然而，也正是由于生活在低速世界里，我们的眼界也受到了限制。在日常生活中，我们所看到的，仅仅是速度 u 远远低于光速 c 的情况。其实，那只是相对论质量中的静止质量 m_0 而已！

质量概念发展到此，它就与运动不再可分了。此时质量也细分为静质量、动质量、相对论质量（总质量）。由于质量与能量的不可分，能量也分为静能量、动能、总能量。虽然原子弹的爆炸，让人们认识到质量的威力，但到了此时，你仍然不能说，看清质量的真面目了。一个物体处于静止状态时，也具有能量，这份巨大的能量就隐含在它的静止质量之中。让我们再到小世界里去看看吧。

粒子尺度世界中的质量

既然质量是物理学中的一个基本概念，那么它应该适用于自然界中的一切物质。也就是，既适用于日常宏观物理世界，也适用于基本粒子的微观世界。到了粒子世界，人们才发现，在宏观物理世界中，相关质量的性质还只是表象，深入挖掘后发现，它有更为隐藏的、更为深刻的含义。

在粒子物理的尺度之下，质量的更深刻含义被充分揭示了出来，这就是场对质量的贡献。到了此时，质量概念就更加复杂化了，复杂的主要原因在于粒子与它周围的场不再可分，而场与粒子的相互作用，会影响到粒子的质量。这在宏观物理世界中也存在，只是人们感觉不到。

在粒子世界中，即使只是一颗孤立的粒子，在不考虑它与其他粒子的相互作用时，这颗孤立的粒子只有它自己和它所激发的场。此时，这颗粒子的质量就是“裸质量”。如果除这颗粒子外，还有其他的粒子，它们通过所激发的场彼此相互作用。此时，这颗粒子的质量就会随着相互作用而发生变化，把这种相互作用的影响也包含在内，这颗粒子的质量就不再是“裸质量”，而替换成它的“物理质量”了。**如此一来，在粒子物理学中，一颗粒子的质量将有“裸质量”和“物理质量”之分，这种复杂化是在宏观世界中所没有的。**到了此时，恐怕你再也不能强调质量是与环境无关的“固有属性”了吧？

在粒子的微观世界中，质量的复杂性还不止于它的定义。在粒子反应中，质量表现出的奇异特性更是惊人。到了此时，不仅质量随着运动变化明显，所谓的“质量守恒”也成了问题。

质量守恒是人们研究百年获得的结果，然而它竟然能在一瞬间被击溃。例如，把正负电子的速度加速到大约光速的百亿分之一，在它们的高能对撞瞬间，一对电子产生了许多“碎片”。这些碎片包括 10 个 π 介子，1 个质子和 1 个反质子，正负电子反应前后的质量情况如何呢？

电子 + 正电子的质量——2×10^{-28} 克

10 个 π 介子 + 质子 + 反质子的质量——6×10^{-24} 克

正负电子反应后的质量居然比原始质量多出 3 万倍！这些质量是从何而来？人们经过上百年的精心研究、反复实验检验所建立起来的质量守恒，也就是能量守恒，居然在这么短的一瞬间就被击溃了。

当然，更值得深思的还有正负电子的湮灭，以及正负电子的产生。质量从无到有，从有到无，大自然是在变戏法吗？不是，其中掺和进来了看起来什么都没有的“真空”，由于真空的“物质性”，使质量与能量更加复杂了起来，使更多深层次的东西，值得人们继续深入探索。这样的探索很难说有完结。到了此时，你还能说，真的知道什么是质量吗？

06 摩擦力：它是好还是坏？

在日常生活中，你接触过各式各样的力，其中最常见、最神秘、最复杂，也最变化多端的力，就是摩擦力了。它无时不在，无处不有，而人们却很少注意到它。有时，人们讨厌它，可一旦失去了才会发现，它如此地重要。

如果没有了摩擦力

没有了摩擦力，你将不能迈步，走不了路；你将拿不住水杯，端不起饭碗；就连坐在椅子上，稍不留意也会滑落下来。

除了这些问题，你的桌子、椅子、衣橱等家具也会出现问题。无论它们是靠榫卯接的、靠胶粘的，还是用钉子钉起来的，如果没有摩擦力，都会变散架。失去摩擦，地球岩石板块滑动、火山爆发、地震也会不断发生，并且还会出现高原塌陷、海水倒灌陆地的景象。整个地球地覆天翻，人类失去了安静的家园。

多亏有了摩擦力，不然你的生活不会是现在这个样子！

硬币总有两面，摩擦也是同理。在你感谢摩擦的同时，也别忘记它给人类造成的危害。在一切机器的运转中，摩擦都是不可避免的物理现象。各式各样的摩擦消耗了全世界大约 1/3 的能源。大约 80% 的机件磨损，甚至损坏都来自摩擦。机械磨损不仅带来惊人的能源和材料消耗，机器摩擦带来的热排放更是惊人。在面粉业、纺织业，以及石油等易燃品的生产、运输中，因摩擦造成的火灾损失更是时有发生。

摩擦是怎么产生的

令人感到神秘的是，直到现在，针对摩擦是如何产生的这一问题，并没有一个完整、统一而透彻的解释。摩擦现象是位于宏观与微观物理世界交汇处的现象，也许正是因为这一点使得对它的研究更加复杂与艰难。

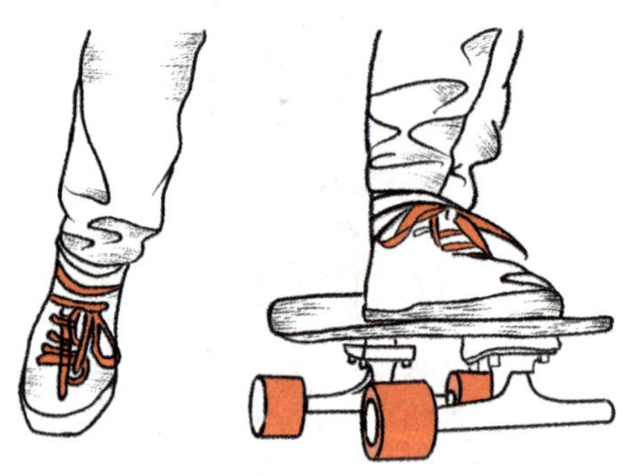

粗浅地说，我们一般把摩擦分成三种，分别是静摩擦、滑动摩擦和滚动摩擦。当你滑滑板时，一只脚踩在滑板上，另一只脚蹬地，无论是哪只脚，都不自觉地使用着静摩擦力；当你拉动一块石头向前走时，石头和地面之间就有滑动摩擦，你用力克服滑动摩擦，才能拉动石头前进；如果把石头装在手推车上，在你推车时，就要克服来自地面和推车间的滚动摩擦。

无论把摩擦分成几类，它们都有一个共同点，这就是摩擦都来自两个物体的接触面上，都表现为力的作用。然而，究竟是什么原因使两个物体的接触面上发生力的作用了呢？对摩擦现象的兴趣和研究，最早可以追溯到人类早期文明时代。由于建设大型金字塔和修建长城的需要，古埃及人和中国人很早就注意到了摩擦，他们发明了车轮、铺设了冰道来减小摩擦。但人类真正对摩擦进行科学研究是从 15 世纪末到 16 世纪初，那是在欧洲文艺复兴时期，由意大利学者达·芬奇所开创的。

1967 年，牛津大学教授伊恩·哈钦斯在达·芬奇的一份涂鸦式的手稿上，发现了 1493 年达·芬奇对摩擦的研究。草稿上不仅有达·芬奇利用重物和滑轮所做的摩擦力实验记录，还有根据实验提出的摩擦力基本原理，这就是摩擦力与两个滑动表面承受的正压力有关，而和摩擦面积无关。这比法国科学家纪尧姆·阿蒙顿提出的“摩擦定律”早 200 多年，达·芬应被当之无愧地誉为“摩擦学”研究的开山鼻祖。

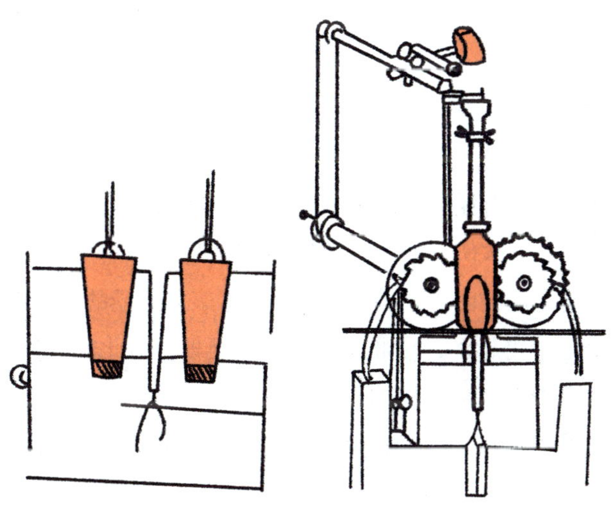

在达·芬奇之后，法国物理学家阿蒙顿于1699年通过实验，建立了固体间的摩擦定律。到了20世纪中叶，物理学家尼尔斯花了40多年的时间，实验研究固体间的摩擦。他试验了各种材料、各种表面、各种温度下以及不同运动速度时固体间的摩擦。在这一系统研究的基础上，他首先创建了“摩擦学”，并于1973年编写出版了《摩擦学手册》。这部书集各种摩擦、材料数据之大成，被称为“摩擦学圣经”，至今仍在机械工程设计中广泛使用。现如今，摩擦学已经成为涉及物理、化学、材料科学、机械工程的综合学科，对摩擦理论的研究也正在由宏观进入微观，由定性发展到定量。

摩擦的机制

至今为止，对摩擦机制的研究仍在不断地发展中。较早出现的是“凹凸啮合说”，这种说法从15世纪至18世纪持续了近300年之久。这种说法认为，摩擦是由物体表面粗糙不平引起的。由于接触面的凹凸不平，使两个表面像齿轮那样彼此啮合，无数多的“小齿”犬牙交错地相互卡住。在没有彼此滑动，甚至连滑动的趋势也没有时，它们相安无事，只要出现了滑动的趋势，摩擦力就开始呈现出来。非要彼此滑动的话，这些“犬牙”就免不了出现擦伤、磨损，它们彼此间的撞击，就产生了摩擦力，形成了对运动的阻碍。除此以外，两个表面所受的正压力越大，犬牙交错卡得越深，彼此滑动也越加困难，由此也解释了滑动摩擦力随正压力加大的原因。

这样说来，把表面打磨得光滑一些，是否就可以消除滑动摩擦呢？或者说，是否物体表面越光滑，滑动摩擦力也就越小

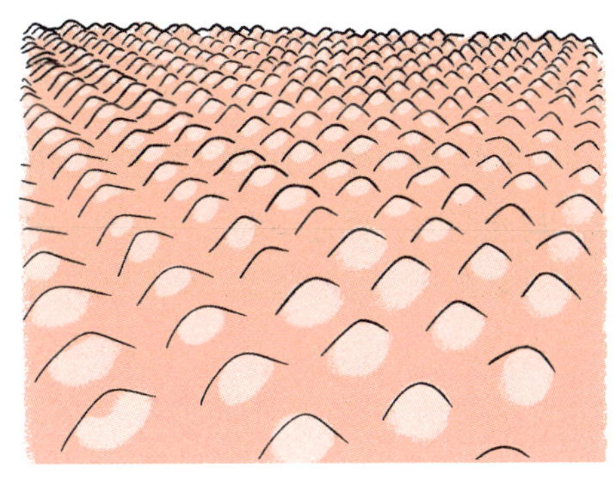

呢？这个想法看似合理，但是在实验中得到的结果却并不如愿。在摩擦表面非常光滑时，不仅摩擦力没有消除，另一种更复杂的摩擦力陡然出现，这就是“原子水平的摩擦力”，它是一种“附着力”。这种附着力是如何出现的呢？

无论表面打磨得多么光滑，只要用放大镜或显微镜一看就会发现，材料表面上依然是无数个“山峰与山谷”，表面凸凹现象并没有消除。如果经过车床加工，“山峰”的高度大约为 5 微米（1 微米 =10^{-6} 米）；如果再经过最精细的磨床打磨，“山峰”的高度可以减小到 0.1 微米。但无论多么小，山峰依旧是山峰，也就是说，无论如何打磨，从微小的尺度看，表面依旧是粗糙不平的。此时，如果你能变得像原子那么小，站在这样的表面上，你就会看到，表面并不是理想中那样光滑，上面还是有许多原子尺度的“小山峰”，无论如何精细加工，它们也是消除不掉的。

当把这样两个表面放在一起时，它们的接触依旧犬牙交错。接触比较紧密的是“小山峰”的顶部，其余部分还是保持着间隙，这样的间隙大约在 0.01 微米（10^{-8} 米）的数量级。这样一来，“小山峰”就承受了很大的正压力，它们的顶部被压平，使两个表面的距离变得更小。此时，请你注意，在物理世界里，当小到分子或原子的尺度时，一种在宏观世界里看不到的新情况就出现了。

在微观世界中，分子或原子间的相互作用开始占据主要地位。与此同时，你还不要忘了，这些“小颗粒”可不老实，无论在材料的内部，还是在表面，它们都在不停地激烈运动着。正是它们剧烈的运动，使另一种机制的摩擦力上升到了主要的地位，这就是“附着力”。

“附着力”是怎么出现的呢？当两个光滑表面靠得极近时，近到分子或原子的冲刺距离时，一个表面上的分子，就可以冲到另一个表面上。与此同时，另一个表面上的分子，也可以冲到这个表面上。在分子杂乱交换的同时，一种彼此吸附的相互力就会出现，这就是两个表面之间的附着力。此时，你要想把两个表面拆开，将比粗糙表面的情况更加困难。不信，你把两块干净无尘的平板玻璃摞在一起试试看。

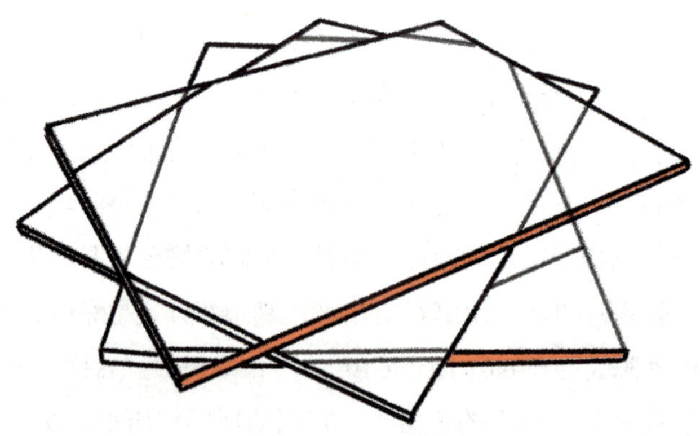

对摩擦的微观实验研究

这样看来，当摩擦表面非常光滑时，由于附着力的出现，会使摩擦力陡然加大，这就是原子水平上的摩擦力。光这样解释还不行，必须给出实验证明。

为了证明附着型的摩擦力来源于表面的分子间的相互作用，1993 年，劳伦斯伯克利国家实验室的麦奎尔·赛莫隆研究组（本文中简称为赛莫隆研究组）做了一个实验，这个实验从设计到操作都非常漂亮。他们利用隧道扫描显微镜，测量了一块金属表面上的原子水平的摩擦力。

赛莫隆研究组的方法是这样的，为了能细微地触摸到金属的原子表面，他们把一根半径只有 200 纳米（1 纳米 $=10^{-9}$ 米）左右的微型探针装在扫描隧道显微镜的探头上，让这根探针在金属表面上滑动，测量它所受到的阻力。为什么要用到这么细的探针呢？这是因为只有细小的探针才能在原子的山峰和山谷间滑动，才能测出在原子尺度上，两个接触面的微观摩擦力，而不是一般的宏观摩擦力。

然而测量出来的结果，算不算接触面上的摩擦呢？这根看起来很细的探针，在它的端头上却趴满了数百万个原子，以 0.1 纳米的原子尺度来看，它简直就算是个“小平面”了。**因此，这根探针不仅可以细微地触摸到金属表面的原子结构，还可以细微地研究它在金属表面上穿行时遇到的阻力。**

你一定很好奇，探针所遇到的滑动摩擦力是如何被探知的，又是如何传输出来的呢？赛莫隆研究组以一根钨丝作悬臂，搭载在探针上，当悬臂以一种方式振动时，带动探针也以同样方式振动。他们又使用了激光反射镜把探针的微小振动测量出来，于是一架原子力显微镜就制作成了。

探针在悬臂的带动下，一边在材料表面前后左右滑动，一边以一定方式振动。由于受到材料表面的摩擦，它的振动频率和振动方式就会发生相应的变化，同时也带动悬臂扭动。摩擦力越大，悬臂的振动变化越大，扭动也越激烈。悬臂振动和扭动的情况由小镜对激光的反射显示，被光电二极管转换成电流，记录下来。

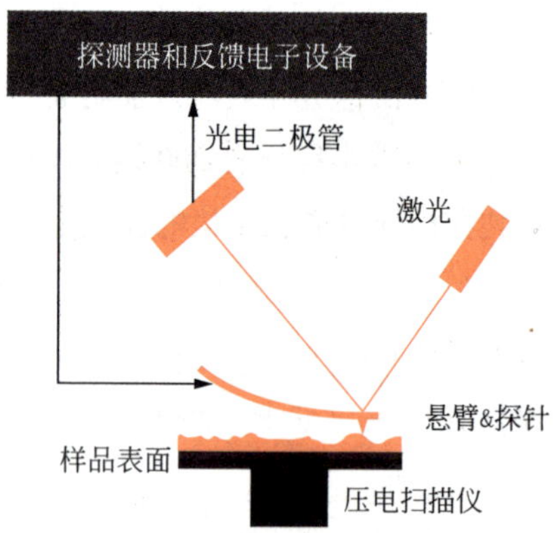

实验证明，在金属表面极为光滑的情况下，由于原子间的相互作用，摩擦力依旧存在，且这种微观摩擦力与宏观摩擦力相比反而更大，更加不可忽视。

2013 年，麻省理工学院的维莫斯博士研究组，利用“原子力显微镜”做实验，再次证实，原子水平上的附着力就是来源于两个表面的交换分子力，也就是一种材料分子的化学键作用。

他们实验发现，当光滑的样本是一种结构非常对称的硅晶体时，在原子力显微镜下，无论前后移动还是旋转样本，都没有发现微观摩擦力有什么变化；但当晶体结构不对称时，沿不同方向上的摩擦力就会有很大的差异。由此他们断定，在原子尺度上的摩擦力受到化学键的影响，这是由于在不同方向上，分子的结合力并不相同。这就好比你用手去摩擦一块网状织物，当你顺着网丝的方向滑动时，摩擦力会小，如果你换了一个方向，受到网孔的影响，摩擦力就会加大。这就是为什么当探测的尺度变小时，摩擦力更容易受到晶体结构影响的原因。

能量转化与现代摩擦研究

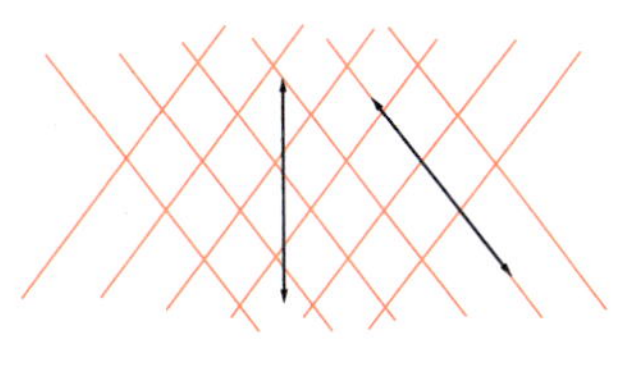

为什么要如此细致地研究摩擦学呢？你可不要小看摩擦现象，现在摩擦学已经发展为一门跨学科技术，它涉及物理学、材料科学、化学、机械学等不同的学科。到了20世纪90年代，摩擦学中居然又出现了新的领域，这就是纳米摩擦学、生物摩擦学和绿色摩擦学。这几个领域听起来奇怪，为什么摩擦学能与生物和绿色环保联系起来呢？原来，在这几个领域里，有摩擦的仿生技术应用，有摩擦学与环境生态关系的研究，有控制摩擦中的磨损与节能的研究，有利用摩擦进行生物降解或产生再生能源的研究，还有纳米材料的摩擦发电技术研究等。**一句话，这一切的总根源，其实就起因于摩擦是能量转化的重要契机！**

说起摩擦与能量转化，应追溯到“钻木取火”的发明。用摩擦的办法人工取火是一个伟大的发明。究竟是谁发明的，已不可实考，为了纪念这位最早的发明者，中国人把他尊为华夏民族的第一位祖先，称他为“燧人氏”，并把他列为与神农氏、伏羲氏并列的三皇之一。

“钻木取火”堪称人类的一个历史性的伟大发明。自从学会取火并开始用火之后，人类就彻底和动物有了区别。火不仅丰富了人类的食物种类，也使人类的身体结构发生了变化，大脑发育越加完善，寿命得到延长，也变得越来越聪明。人类也因为火开始了群居生活，火成了部落联盟的起源。

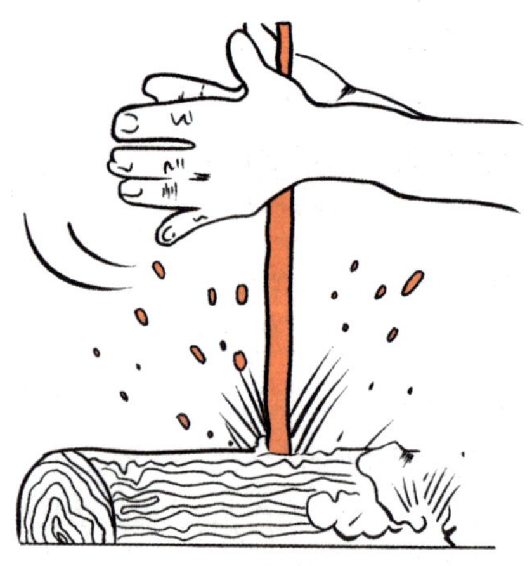

虽然现代“钻木取火”已经鲜有人见，但在此之后，人类在懵懂之中，逐渐认识到摩擦的重要意义。至今摩擦生热的方式还有人用，最常见的就是机械式打火机和火柴，它们都是利用快速摩擦生热工作的。但这样的生热方式有时也能闯下大祸，例如粉碎机、研磨机等机件摩擦迸发出来的火花，点燃粉尘后造成的粉尘爆炸，其祸起的源头也是因为摩擦。

从能量的角度来说，这一切都是因为摩擦是能量转化的一个契机。**摩擦可以加速分子运动转化为热能，摩擦还可以加速物质振动使动能转化为声能，摩擦还可以促使电子转移生成电能，甚至还有摩擦的光效应。**巨大岩石板块彼此摩擦时，巨大压力之下的强摩擦能直接产生光。在地震发生时，同时迸发出来的骇人闪光就是这样出现的。

既然摩擦是能量转化的契机，有人就在这方面动上了脑筋，能不能利用摩擦直接发电呢？于是“纳米发电技术”被推上了现代科学技术的前台，它被称为未来30年最有潜力的十大技术之一，将成为与手机同等重要的发明。

这项技术的发明人是中国学者王中林。在2018年，他获得了第十一届埃尼“前沿能源”奖，这是一项负有盛名的能源大奖，被国际能源界誉为非官方的诺贝尔奖。2019年，他又拿下“爱因斯坦科学奖”。

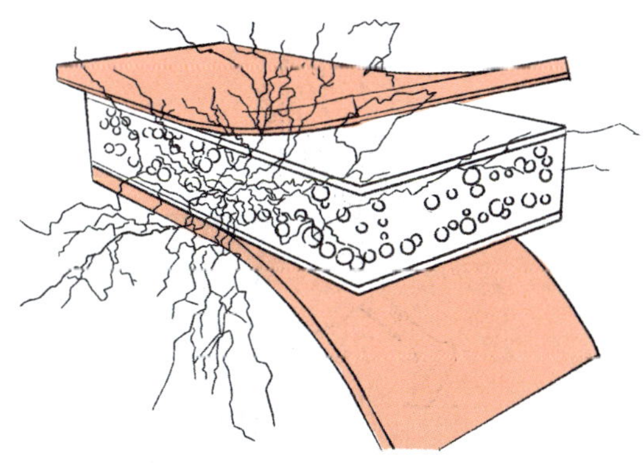

纳米发电技术是一项什么技术呢？其实它还是源于摩擦的机理。纳米发电技术主要利用纳米材料间的小颗粒摩擦发电。

利用这种机理，可以制成超小型发电机，并用于风力、海浪、水力发电。这种发电机还可以利用人的行走、手的触摸、衣服间的滑动、车轮的转动，甚至雨滴下落来发电。总之一句话，凡是有滑动摩擦出现的地方，都可以用来发电。王中林畅想说："或许不久的将来，只要是你正常走路，附着在你衣服上，或安装在你鞋子里的'纳米摩擦发电机'都能随时为你随身携带的手机充电。"

到了那时，无论是随处刮起的微风，还是循环往复的海水潮汐，甚至血液的流动和心跳都可以用来昼夜不停地发电。小型的"纳米摩擦发电机"既占不了多大的空间，又不受天气的影响，它们将成为最清洁的能源。要知道，如此美好的前景，它的总源头就是摩擦！

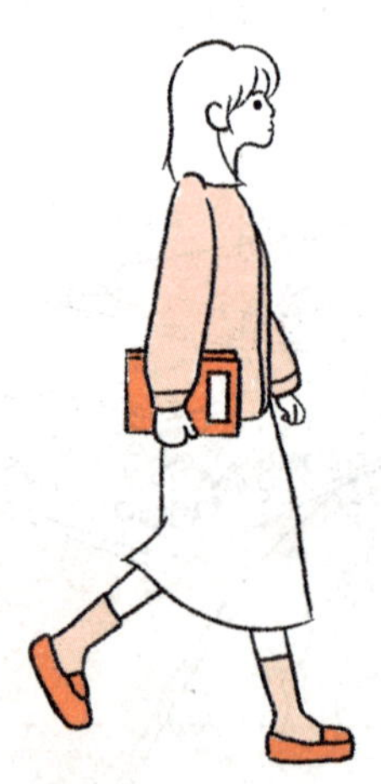

07 杠杆：你会使用杠杆吗？

在日常生活中，有很多东西你常使用它，却没有在意它。一旦认真研究就会发现，它们很不简单，不仅含有不少学问，有的还有着丰富的历史，它们就是丰富多彩的“杠杆世界”。

天才的杠杆世界

在天才的“杠杆世界”里，指甲刀就是其中的一员。它是由谁发明的？最早怎么来到这个世上的？从相关记载中得知，它们始于1876年，美国人艾奇首先获得了指甲刀的专利。刚出世的指甲刀很笨拙，就像现在的订书机，只能摆在桌子上使用，不能放在口袋里，用起来也很不方便。尽管如此，在它的身上，已经有了杠杆结构的雏形。这说明，指甲刀刚出现时就走对了路，用上了简单机械的杠杆原理。

把杠杆原理用于指甲刀，是一个伟大的发明。指甲很坚硬，所以修剪指甲并不是一件容易的事。动物也修剪指甲，它们用牙咬，在岩石上磨，但这些方法都不适合人来使用。这时，杠杆省力的功能就派上了用场。确定了指甲刀的杠杆结构，等于为它找到了一个正确的发展方向，方向对了，接下来的事就好办了。果然，指甲刀朝着杠杆的方向发展了起来。

艾奇获得指甲刀的专利以后，不少人先后对指甲刀进行了共计十几次的改进。参与者多是富有好奇心的聪明人，也有“不为善小而不为”的专注者。有记录可查的是如下几个人，他们的名字、国籍以及取得专利的年代分别是：约翰·霍尔曼，英国，1878年；尤金·海姆，德国，1881年；赛莱斯汀·迈茨，意大利，1885年；查贝尔·卡特，美国，1922年；威廉·巴塞特，美国，1947年。除了众人的发明和改进，指甲刀还曾由5家厂商先后投资生产，直到20世纪40年代，到了巴塞特的手里，才形成了现在的基本样式。然而在那时，指甲刀并没有进入普通人家，它是镀金的，只是富足家庭的时尚用品。

指甲刀的奇巧之处在于它仅用了三根杆，就把两种杠杆组合到了一起。上面的杠杆，相当于一根铁路工人常用的“道钉撬”。这是一个省力杠杆，支点在撬杆的拐角处，动力作用在翘杆的端头，只需按下很小的力，就可以把指甲刀的“穿钉”翘起来。第二个杠杆在翘杆的下面，它相当于一个镊子。这是一个费力杠杆，支点在镊子的一端，动力作用在翘杆拐角的下压点上，而阻力作用在刀口上。当你剪指甲时，在翘杆的端头向下一按，把穿钉拔起来，翘杆拐角下压，压动下面的镊子，就可以用刀口工作了。

为什么指甲刀要把两种杠杆联合在一起呢？**原来，指甲刀的功能有二，其一是省力，通过杠杆把一个小力放大，好进行费力的工作；其二是要利用一个较小的移动，使工作部分有较大的移动。**两个功能都很重要，必须利用两个杠杆合作来完成。

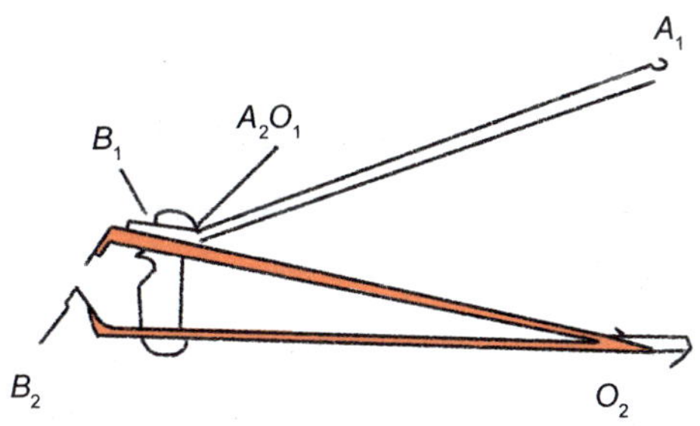

下面不妨做一个估算，看看指甲刀能把力增大多少。如图所示，O_1、A_1、B_1 分别是上面那只省力杠杆的支点、动力点和阻力点。此时，动力臂约为 5.0 厘米，阻力臂约为 0.4 厘米。假如按动翘杆端点的力是 4 牛，根据杠杆原理，在阻力点上，力的增大倍数约为 14 倍，约为 56 牛。这个力将通过支点 O_1 压在下面杠杆的动力点上，在这个动力点上，总压力应该是翘杆两端的压力之和，即 60 牛。

指甲刀下面这只杠杆是费力杠杆，支点、动力点和阻力点分别是 O_2、A_2、B_2，支点在翘杆另一端头上，动力臂约 5.5 厘米，阻力臂约为 6.3 厘米，动力是 60 牛，力的方向向下。它恰好通过翘杆的拐角，压到了下面的费力杠杆的“镊子”上，但这个力还不是剪指甲的动力，它还需要下面的费力杠杆来传递。

为什么在指甲刀的下端要用一只费力杠杆呢？虽然它不能把动力放大，却有两个好处：**一是以一个微小的压动，换来刀口较大的移动；二是这个杠杆的支点远在它的另一端，动力臂与阻力臂的长度相差不多，压力的损失较小。**根据所测量出的尺寸，动力臂和阻力臂的大小分别约为 5.5 厘米和 6.3 厘米。根据杠杆原理，动力放大的倍数是 0.87，在刀口处剪断指甲的阻力约为 52 牛。经过两种杠杆作用的传递，按动指甲刀的 4 牛的力被放大到了最初的 13 倍！两个杠杆的联合，不费吹灰之力就可以把指甲修理好，这不是很奇妙吗？

20 世纪 40 年代，作为家庭奢侈用品的指甲刀，已经成为普通家庭离不开的小工具。你没想到吧，这个看起来并不起眼的小工具，竟然凝聚着众多科学家、工匠人和科学爱好者的智慧，经过了长达 70 多年“修炼”才终成正果！

百年发明“螺旋钻”

还有一个有趣的杠杆工具，这是一个开启酒瓶软木塞的小工具，它就是“螺旋钻”。比起指甲刀，这个小工具所运用的原理更复杂，它把杠杆、齿轮和斜面这三种简单机械都结合到一起，三位一体缺一不可。它们轮流发挥着作用，让你不得不惊叹发明人的智慧！

螺旋的发明也不是一人一时所为，说起来你可能不信，它经历了至少 300 年，又经历了多次变身，才成为了现今这个样子。

根据相关记载可知，在这 300 年间，发明人的名字、国籍，以及取得专利的年代分别是：约翰·沃利奇，英国，1676 年；赛米尔·汉夏尔，英国，1795 年；威廉·巴克，英国，1880 年；卡尔·温克，德国，1882 年；大卫·奥兰塔，西班牙，1932 年；赫伯特·艾伦，美国，1979 年。

一只起酒瓶塞的螺旋钻，参与研究的人包括匠人、科学家、工程师、业余爱好者，甚至还有一位是供职于英国牛津的天主教传教士，他就是如今螺旋钻的鼻祖——汉夏尔。他所发明的是一只带有木把手的钻，这个小工具利用了“斜面”原理，只不过这个斜面卷曲了起来，成为了一只螺旋钻头。由于它很像一条卷曲的蚯蚓，人们给它起了“铁蚯蚓”的绰号。当时的人们觉得这个“螺旋钻”用起来十分顺手，以至于它的使用时间持续了100多年。

在后来，螺旋钻又经过了众人之手，逐渐被改进，最后在1979年，由赫伯特·艾伦定型为现在的样子。除了斜面，还加上了双把手的杠杆和齿轮结构，这一下就把三种简单机械全用到了这个小工具上。

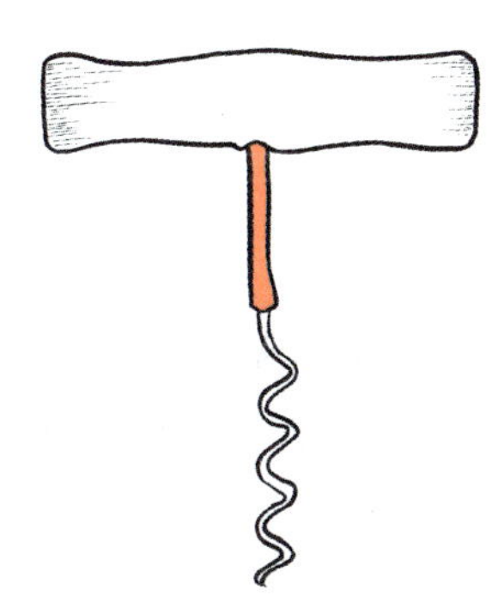

螺旋钻是如何工作的呢？请仔细观察用螺旋钻拔出酒瓶塞子的过程，注意一下螺旋钻各部分的联动情况，你一定会被这个小工具的巧妙所折服。先把螺旋钻放好，然后顺时针转动它。请你注意，此时不只是钻头在用斜面工作，随着钻头深入软木塞，齿杆也跟着下行，齿杆带动两个齿轮，两个齿轮把两根把手渐渐抬起。当把手翘到最高时，螺旋钻的盖帽恰好扣在酒瓶的口上。

再看螺旋钻的这一对翘杆，它们恰好是一对省力杠杆。动力作用在把手上，支点在小齿轮的转轴上，阻力作用在齿杆上。当下压两支把手时，又用到了齿轮和齿杆的作用，只不过这次是齿轮带动齿杆，运动方向相反而已。由于这是一对省力杠杆，所以可以不费吹灰之力，就把瓶塞拉出来，这是一个多么巧妙的发明啊！

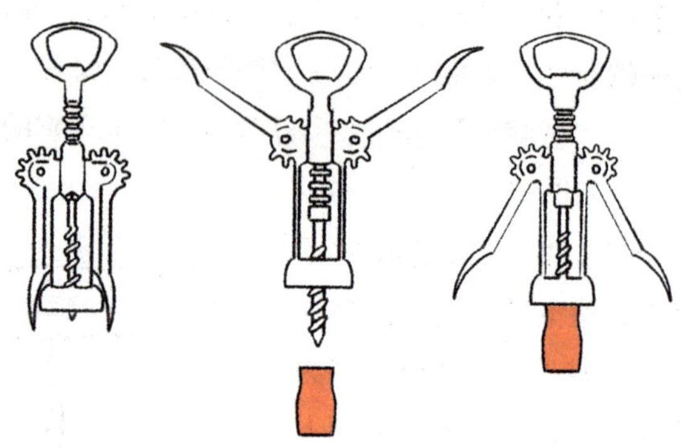

小小的螺旋钻，整整经历了300多年的发展历程。它是3种简单机械的结合，像指甲刀一样，也凝聚着无数人的智慧，它们都是人类文化传承的一部分，是人们离不开的小工具。

放眼生活，人们的周围像指甲刀与螺旋钻这样的杠杆工具有很多，从开瓶器到剪刀，从起钉器到道钉撬，从镊子到老虎钳，从起重机到钻井机，形形色色的杠杆层出不穷。有些杠杆结构并不明显，却在人们的工作中不时地使用着，如推独轮车、使用铁锹、提竿钓鱼、用长篙划动竹筏、挥棒击球、脚踩刹车等，都是按照杠杆原理操作的。在天才的杠杆世界里，有着人类智慧的积累，学习它们不仅增长知识，还能从杠杆发明的经历中，获取更有益的东西。

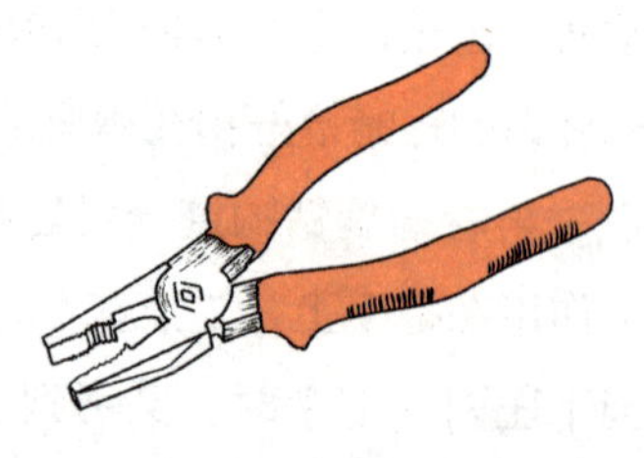

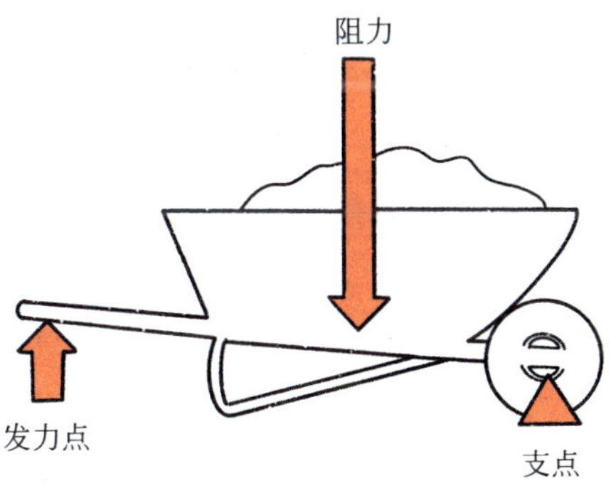

再看看我们自身，尽管人体内有许多器官和组织，但大部分还是由水组成的，必须依靠骨骼来支撑。如果失去了骨骼，人将瘫软在地，站不起来。就算有了骨骼的支撑，该如何支撑也有学问。如果只由一块骨骼支撑，那这块骨骼就像根木桩，把你"戳"在地上，尽管可以把你支撑起来，但不要说工作，就连行走、坐卧都无法实现。所以骨骼的作用不仅是支撑身体，还要保障身体的平衡与动作的协调和灵活性。

骨骼在支撑身体的同时，又是怎么保持人体的平衡和灵活性呢？秘密就在于，人体的骨骼是由很多块拼搭而成的。人体有 206 块骨骼，骨骼间的连接形成关节。正是由于这些活动关节默默无闻地工作，才使得你能平稳灵活地移动、摆动和转动。你的所有运动全靠骨骼与肌肉合作才能完成。

人体的杠杆

通过仔细观察，你就会发现，人体的杠杆无非包括 3 种，有省力杠杆、费力杠杆，还有不省力也不费力的等臂杠杆。无论什么杠杆，在全身的分布都是对称的。它们在支撑身体的同时，也保障着机体各部分的灵活性。

据统计，人体内大大小小有 200 多个杠杆，说人体是一个杠杆世界，一点儿也不过分。其中，颈、肩、肘、腕、腰、膝、踝、髋八大关节，就构成了八大杠杆。现在就来说说其中几个重要的杠杆。

先说头，有人说，头是一个等臂杠杆，事实并不尽然。在正常情况下，头以颅下的颈椎为支点，以这个支点为分界，头被分成两个部分。无论是按前后分还是按左右分，这两部分的质量接近相等。在这种情况下，就如同两个同样质量的孩子玩跷跷板，这是一种等臂杠杆。在等臂杠杆情况下，无论抬头，还是低头，由于两侧的质量相等，受力都是平衡的。假如你的头颅重 50 牛，在抬头、低头或左右摇摆头颅时，颈椎的肌腱只要支撑 50 牛的力即可。

然而，当人体出现了畸形驼背，头颅前倾，重心前移，头颅的支点被迫下移到了颈椎之下的某个关节上。这时，人头就成了一个不等臂杠杆。当阻力臂是动力臂的 2.5 倍时，要维持杠杆平衡，动力臂韧带承受的力一下子增加到约 125 牛。不仅如此，你的头也不再灵活。如果你的驼背更加严重，头颅前倾更远，支点再度下移，阻力臂继续加大，这个杠杆就更加费力。当阻力臂增大到动力臂的 3.5 倍时，动力臂韧带承受的力就增加到约 175 牛。此时，你若想抬起头或低下头，就已经很困难了，各种颈椎病也将接踵而来。这个现象说明，平时无论读书、写字，坐姿还是站姿，保持身体挺直的习惯是非常重要的。

现在，再看看你的肘关节。当你的手握着重物时，支点在

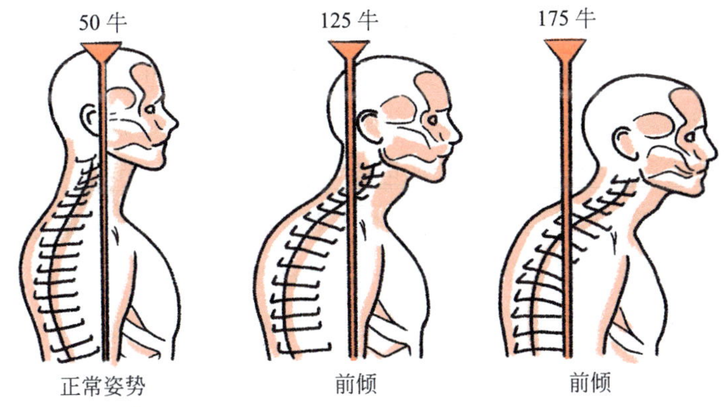

肘关节上，是肱二头肌向上提起，维持杠杆的平衡。这时就是一个费力杠杆。此时，肱二头肌的施力点到支点的距离，大约是手臂长的 1/7。这样算下来，肌肉要花费重物 7 倍的力，才能维持杠杆的平衡。假如你不是手握重物，而是拿着一个网球拍击球，无疑又把重力臂加长到原来的两倍。此时，你若挥动球拍或击打网球时，就要花十几倍的力气才能维持平衡，这就是为什么运动员容易得“网球肘”的病因。

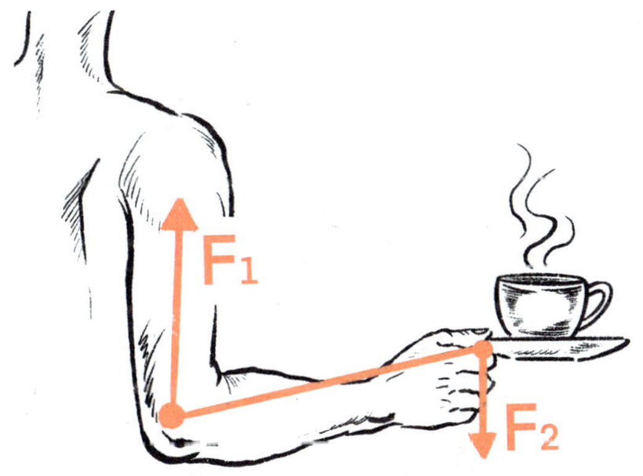

现在可能你要问，人也经过长期进化，为什么头颅要成为等臂杠杆，而手肘要成为费力杠杆呢？其实，这也是人类生存的需要。人类长期在自然环境下生存，为了安全的需要，人的头颅需要灵活，转动的范围也要尽量大。此外，人的头颅不是干活的工具，但是手臂杠杆的情况就不同了。虽然在提起重物时，肱二头肌要花费重物 7 倍的力才能维持杠杆的平衡，但这是值得的，因为只要肱二头肌有一个小小的伸缩，就能换来手臂的大动作，这不仅能保障手臂动作的灵活，也能换来大幅度运动，正是人类生存的需要。

保护好周身的关节和周围的肌腱及软组织非常重要。人身体上的八大关节是最容易患病的地方，尤其是处于费力杠杆的部位。有时关节的杠杆作用并不明显，患病也不易察觉。例如，当你蹲着时，支点在膝盖，动力几乎是全身的重量，维持平衡的阻力来自膝盖上的肌腱，这时动力臂远远大于阻力臂，膝盖大腿骨就变成了一个费力杠杆，膝盖部分承重大约是体重的 8

倍。对于做蹲举的举重运动员来说，承重甚至在十几倍及以上。所以长时间的蹲姿，对膝盖的伤害很大。

在你提起地面的重物时，常做出弯腰的动作，殊不知这个动作也会形成一个费力杠杆。这个杠杆的支点在臀部尾椎处，动力来自人的上半身重量和重物，作用点在提起重物的前臂上，而阻力作用在离尾椎较近处的腰肌上。如果重物是 40 千克，半身人的体重是 25 千克，当动力臂大约是阻力臂的 4 倍时，作用在腰肌上的力就会是重物与人体重量之和的 4 倍。因此，在提起地面重物时，腰背筋膜、肌肉和韧带有可能因为负担过重，突然受力而受伤。

如今，喜欢低头玩手机的人越来越多，有的人每天有一两个小时花在低头玩手机上。如果你成为了这样的人，长时间的低头，就会使你颈椎承受比头颅大得多的重量，这个动作不仅伤害了你的眼睛，对你的脊椎、颈椎也是个不小的负担！肩颈肌肉酸痛、腰酸背痛，以及各种颈椎病都会找上门来。在当前手机流行的世界里，建议你每次使用手机不要超过 15 分钟，保持手机与视线平齐，头部保持直立，以减少因自己的不当姿势，给颈椎造成的压力。

人体中的杠杆，无论是省力的、费力的还是等臂的，都是长期进化的结果，它们都是大自然的恩赐，既有其合理的地方和也有其弱点所在。愿你在使用它们的同时，也能自觉地保护它们，只有形成良好的生活习惯才能让它们长时间为你服务。

08 引力：地球不受支撑为什么不会坠落？

在宇宙的大尺度世界里，“引力”绝对称得上是个“霸主”。在日常生活中，引力时时刻刻影响着人类的生活，它让人们在潜意识中形成了“如果没有支撑，万物皆应下落”的观念。那么问题来了：质量高达 60 万亿亿吨的地球，为什么没有支撑，也不会坠落呢？

其实，偌大的地球一直在“坠落”着，只是坠落的方式与你的想象不同。在太阳引力的作用下，地球围绕着太阳做公转，就是一种坠落的行为，因为它运动的加速度是向着太阳的，太阳的引力就充当了向心力。实际上，宇宙中绝大部分的星球都在以这种方式坠落着。

这个“霸主”不强大

引力在各处都有体现，包括宇宙、众星及众行星的形成与演化，黑洞的形成及它们暴虐的特征，以及能粉碎一切的潮汐力作用。**引力绝对称得上是个支配一切的霸主！然而，让人奇怪的是，引力虽然影响力大、作用范围广，但是数值却很小。**这一点可以从公式中估算出来。根据牛顿的万有引力定律，我

们知道

$$F = G\frac{m_1 m_2}{r^2}$$

其中 m_1 和 m_2 是相互吸引的两个物体的质量，r 是两个物体质心的距离，G 是引力常量（它是 13 个著名的宇宙常量之一）。在这里，我们先不管相互吸引的两个物体是什么，只需看看这个引力常量 G 的值，就可以推知引力是多么弱了。G 的值约为 6.67×10^{-11} 牛·米²/千克²，它是 1789 年，由英国物理学家卡文迪什最早利用扭秤实验测量出来的。

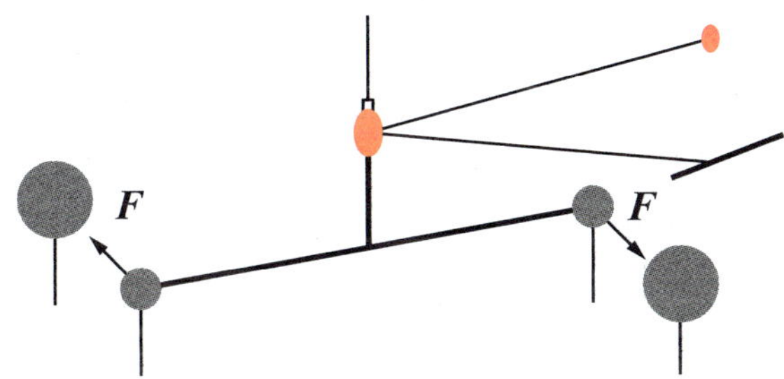

其实，估算引力大小无须死记 G 的值，知道它的数量级就足够了。G 的数量级是 10^{-11}，这是一个非常小的量！这也决定了引力无论在微观小世界里，还是在日常生活中，都没有多大的本事。即便是一座巍峨的喜马拉雅山，来自它的引力也不能把一小颗灰尘吸引过去。

为了说明引力之弱，不妨进行一个简单的估算。假定两个均匀球体的质量都是 1 千克，球心之间的距离有 1 米远，那么它们之间的引力数值就是 G 的大小，也就是大约 10^{-11} 牛！这个力有多小呢？它相当于一颗长宽高只有 0.01 微米的香烟烟尘的重量！

正因为引力很弱，当你坐在椅子上时，尽管整个地球以近 6.0×10^{24} 千克的巨大质量吸引着你，这个引力也抵不过椅子的支撑力。在物质的微观层面上，引力就显得更弱了。在一颗原子里，周边电子与核之间的电磁吸引力，竟然是引力的 10^{40} 倍！而在原子核里，引力就更没有用武之地了，中子和质子之间的引力只是它们之间强力的 10^{-12} 倍！显然，仅仅依靠引力，不仅难以维系原子的稳定，就连尺度更小的原子核的稳定也无法维系。这样一来，在微观世界中，引力还值得考虑吗？难道引力只能在特别巨大的物体之间，例如地球、星球之间才能有显著的作用吗？

尽管在日常生活里，或在原子层面上，引力都很弱，但你千万不要因此藐视它，引力支配着宇宙的一切。人们认识宇宙，还得从认识引力开始。

对引力的认识

人类对引力的思考从古代就开始了。古希腊的哲学家亚里士多德早就判定，一切物质都有“返回原来位置的属性”。他所说的“属性”，暗含着引力的作用。伽利略更是先于牛顿，探讨了物体下落和抛体的飞行。这些先哲们都相信，既然宇宙能诞生并演化，人们就应该能推测出所有自然现象遵循的总则。

正因如此，从 17 世纪开始，不少数学家和物理学家，如伽利略、哥白尼、开普勒、惠更斯、胡克、雷恩、哈雷等人，都不约而同地把地面物体与天体运动结合起来，试图寻找出一个共同的规律。虽然这些学者对引力的探讨跨越了上百年，但是这么长时间以来，他们对引力的研究一直在大门外徘徊，但正是这些人为牛顿提供了“巨人的肩膀”。最终，是牛顿迈出了关键性的一步，他首先抓住了“力”的概念，用“力”这把金钥匙创建了万有引力定律，并把引力统一到一切物体的运动规律之中。正因如此，拉普拉斯称牛顿是“最幸运的人”。

牛顿的万有引力定律果然获得了成功，用它能够解释恒星、行星、彗星、月球的运行，解释海洋潮汐的运动，预言海王星的存在。直至现今，航天技术依旧依赖着牛顿的万有引力定律，似乎宇宙万物一切皆掌控在“力”的作用之下。

虽然牛顿志得意满，他的万有引力定律取得了很大的成功，但这个定律也有让牛顿“十分搓火”的地方。直到牛顿去世，关于引力的困惑也没有得到解决。人们在后续的研究中发现，目前人类对引力的认知还仅只是一些皮毛，还有更深层次的谜团横亘在人们的面前。这些谜团不仅与时空的性质有关，还与宇宙之谜息息相关。牛顿的万有引力定律是存在漏洞的，这也让牛顿一直不能释怀。真是应了那句话，“成于萧何，败也萧何”。尽管这一定律有其漏洞，尽管引力很弱，但在宇宙中，它的地位仍不能动摇。慢工出细活，在宇宙这个大尺度的时间和空间中，从大星球到宇宙尘都受到引力的支配。

支配宇宙的引力

千万不要小看引力，虽然在物质的原子层面上，它是个“弱者”；但在日常生活中，它却不能被忽视；而在宇宙大尺度上，它又成为了具有绝对优势的“霸主”。引力温吞但又坚毅，不仅在百亿年的时间里，支配着整个宇宙，还时刻准备以潮汐力的形式粉碎任何一个发狂的来犯者。它以黑洞的形式窥探着周围，就像中国古代传说中的四凶之一梼杌那样，能把敢于前来冒犯者吞噬得荡然无存，就连周围的时空也被它严重地扭曲。引力之奇特，令人不可思议，就连星系和星球的诞生，也是引力作用的产物。现在，我们就从宇宙间的这些“小东西”谈起。

不可或缺的“小东西”

你是否留意过，在你的周围有很多“小东西”，有飘浮在空气里的尘埃，有从烟囱中冒出来的烟雾，有洒落在桌面上的尘土，等等。说来你可能不信，尽管水杯里的水看起来很纯净，但其中也至少有两万多颗肉眼看不见的尘埃在水中翻腾搅动；屋子里的空气看来也很干净，但如果你深吸一口气，就会有成千上万颗尘埃随着气流，涌进你的鼻腔。它们粘在你的鼻腔、喉咙的黏膜上，甚至定居在你的气管和肺里。

说到这里，请不要紧张，在大部分情况下，这些微小的东西对你健康的影响是微不足道的。因为从来没有“绝对无尘”的环境，在进化过程中，人类早已通过进化练就了应对这些尘埃的功夫。

这些小东西来自哪里呢？它们有的来自沙漠的沙尘，有的来自燃烧后的碳灰，有的来自动物的毛皮碎屑，有的来自人身上脱落的皮屑，还有的来自花粉、藻类或真菌袍子等。

据统计，每年仅从沙漠里飞出的尘土，就有 10 亿 ~ 30 亿吨。如果用火车托运，仅这 10 亿吨尘土，就要装满 1400 万节火车货车箱，其长度可以绕行地球 6 圈。

你可能被如此巨量的沙尘吓着了，但是它们却是地球生命的“功臣”。正是这些呼啸全球的沙漠尘埃为地球表面覆盖了一层厚厚的土壤，裹挟着各种微生物，为各地送来“食物”和“种子”。除此以外，尘埃还是天空凝结雨滴的必要条件，控制着地球的气象变化。

空气里漂浮着灰尘，这是一个不可抗拒的自然现象。只要里面没有引发人类疾病的细菌、病毒，没有工业废气，灰尘就可以和人类和谐共存。

太阳系的形成

尘埃这样不起眼的小东西，不仅对人类有不可或缺的价值，早在几十亿年前，它们就在起着作用了，这就是太阳和众行星的诞生。

先说说太阳系的老大——太阳是怎么出生的。尽管谁也没有亲眼见过，但人类可以通过自己的经验，以及在数学、物理、化学、生物、地质地理、天文甚至人文领域的知识去“认识”那些未见的事物。在这个过程中，不免有猜测、类比、想象的环节。如果猜测出现错误，那么再去修正、补充。其间质疑、争辩是免不了的，也是非常必要的，甚至不对了从头再来也无妨。数千年来，人类的科学就是这样在“跌跌撞撞”中向前发展的。现在，让我们展开想象的翅膀，琢磨一下太阳是怎样形成的吧。

假如你能返回 60 亿 ~ 80 亿年前，去观察那时的太空，该是什么样的情景呢？那时，没有地球、没有太阳，当然也没有太阳系。那是一个黢黑、寒冷、温度不足 -260℃的混沌世界。在一片漆黑的空间里，布满了大大小小的星际尘埃。小的尘埃比细菌还小，而大的尘埃有多大却无从可考。这时，银河系的中心地带已经出现了巨大的星云，星云内部有丰富的众星结构，但是身处银河系边缘的太阳系却还没有成形。

如果你在银河系附近静观，那可要有足够的耐心，因为一切过程都是极为缓慢的，仅只这样的混沌状态就持续了上亿年。不知从何时起，忽然“吹”来了一股股的“银河风”。所谓银河风，就是来自银河中心的高能带电粒子流。你会看到，在“银河风”的吹拂下，星际尘埃有了些许变化，混沌的状态被吹出了一个个缺口。缺口的出现促使一团团的涡旋形成，就像平时在墙角处发现的小旋风那样，在原地打着转。

如果仔细盯着看，你就会发现，大约到了 46 亿年前，在引力的缓慢作用下，在众多小涡旋中，一个“大家伙”现身了。

它很贪心，借助引力吸纳了周边 99.9% 的星尘物质。这是一个由气体和宇宙尘埃组成的巨大涡流，直径竟然达到 240 亿千米。

在引力作用下，这个大家伙开始聚集，越是聚集，引力就越大。随着物质的密集，原子碰到了一起结合成分子，分子再碰到一起，结合成小的物质团。伴随着引力的作用，物质团偶然的相碰逐渐变得频繁，但这些碰撞仍需要花上百万年的时间。尽管很慢，物质团块还是在不断地长大。这时，广阔而冰冷的星尘中心开始有了进一步的生机，也可以说是出现了奇迹。

这个奇迹又是引力所制造的，原来温温吞吞的引力开始了一个暴虐的过程。随着物质团块的聚集，物质稠密起来。物质越是稠密，物质团块就越是聚集。物质开始向着一个中心迅速地靠拢。**随着靠拢，原来一片大得无法想象的星际尘埃便聚集成一个高压、高密度的硕大物质团块。这个过程就是引力作用下的物质大坍缩。**

你会看到，一个振奋人心又惊心动魄的过程开始了。物质坍缩越是厉害，引力也就越大，强烈的高压造成温度上升，温度的上升，又造成膨胀。然而，坍缩物质在发生膨胀时，又损失了热量，从而加速了坍缩。就这样，在循环往复间又过了一百万年。经过百般的“锤炼”，这个物质大团块的核心已经非常致密，引力造成的坍缩终于占了上风，全部物质聚集完毕，一个球体现身了！

起初，这个球体的旋转很慢，大约几百年才转一周。渐渐地它开始变热，随着引力的增大，体积持续减小。**随着体积变小，就像滑冰人收紧手臂那样，旋转速度也随之加快，内部的温度也逐渐升高。**终于，在高温高压之下，物质原子的聚变过程被

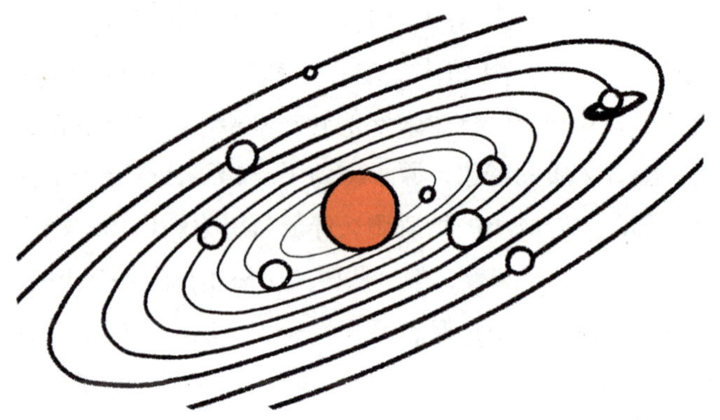

点燃，这个星体迸发出光和热来，太阳就这样诞生了。在太阳形成的过程中，其他众多涡旋星尘也聚集成了行星。太阳凭着它的巨大引力，成为了众行星之王，率领太阳系的大家族，在银河系中运行至今。

太阳形成后，剩余的宇宙尘所形成的小涡旋围绕着太阳高速旋转着。它们之所以聚集在一起没有离开，正是因为太阳的引力。

有人做出估计，在宇宙尘的小涡旋里，仅在一个乒乓球大小的地方，就堆满了数十亿颗尘埃颗粒。在一股股狂暴的“银河风”的席卷之下，这些小颗粒过着煎熬的日子。在引力的作用下，它们也渐渐聚集成团块。在龙卷风般的漩涡中，团块逐渐堆积成石砾，众多石砾又在碰撞、挤压中彼此连接起来。这个过程类似铁匠的捶打和压路机的碾压，这样残酷的折磨长达十亿年之久。最后，团块逐渐长大，聚成星体，并形成一颗行星，也就是我们的地球。同时，其他行星也在阵痛中诞生了。而在背后操纵这一切的大手，就是引力！

09 开普勒三定律：什么是科学的目标、精神和方法？

这篇的题目提到了开普勒与科学，开普勒最伟大的功绩正是在于他把天文学正式纳入了科学的轨道。提起著名的德国天文学家开普勒，可能会有人问，他终其一生只是观天，堪称伟大，但究竟有什么用呢？之所以会有这样的疑问，是因为人们把"科学"与"技术"混淆了。

人们常把"科学"与"技术"混为一谈，虽然"科学"与"技术"都是人类文明重要的组成部分，但它们有很大的不同。"科学"具有自己的特质，也就是必须具有 3 个要素，缺一不可。这 3 个要素就是：科学的目标、科学的精神和科学的方法。

"科学"与"技术"的目标不同，它绝不是为了"实用"。科学的目标是认识自然、解释自然、挖掘自然的规律。科学的精神则是独立思考、质疑和不懈的追求。科学的方法是猜测与假设，提出模型并做出验证。其间要有逻辑的推理和演绎的计算，从理论上或实验上做出证明或证伪，获得的结果要具有逻辑，能够实证和定量。

总而言之，科学一直是在"刨根问底"，并不优先考虑实用性。因此，科学是一切技术的源头和基础。伽利略开拓的科学研究、牛顿的经典力学、法拉第的电磁感应研究、麦克斯韦的电磁理论、开普勒的行星运行研究、玻尔的原子理论，以及爱因斯坦的相对论研究，都为我们树立了科学研究的典范。下面就以开普勒为例，说说科学这点事。

开普勒是第谷的学生和助手。第谷很了不起，在望远镜发明之前，第谷是仅靠肉眼观星的登峰造极者，也是创始星学研究的第一人。第谷毕生致力于观星，数十年如一日地进行天文观测和记录。他改进了古典的观天仪器，设计制造了多种观星仪。在他的督造下，当时世界上最大的天文台得以建成。他首次观察到在仙后座附近出现的新星，首次证明了彗星是绕日运行天体，并编制出了第一份完整的近代星表。尽管第谷一直把他的天文观测数据珍藏于暗室，甚至避开他的弟子开普勒，但不得不承认，正是第谷的天文观测，把从仅靠人类想象和思辨的天文学，引导到一条以观测求实证的轨道上来。

第谷

第谷被人们尊为“星学之父”，他的成果成为人类现代天文学研究的总源头。但他的天文学研究只能算是科学研究的“起步”，按照科学研究的 3 个要素来衡量，还不能算是走入科学研究的正途。下面，不妨看一看开普勒的工作，将其与第谷的研究做一个对比。

第谷去世后，开普勒从第谷的手中接收了一大批天文观测数据。“青出于蓝而胜于蓝”这句话用在开普勒的身上再适合不过，他的功绩高过老师第谷。然而很少有人知道，与老师第谷相比，开普勒的经历却艰难得多。在开普勒所处的时代，观星依靠肉眼，但是幼年的疾病使他的视力很差，一只手也落下了残疾。更为困难的是，虽然他接替了第谷的职位，但薪金只有第谷的一半，工资也被拖欠长达 20 年之久。虽然生活十分拮据，但令他欣慰的是，他有幸获得了第谷一生的观星资料。

虽然没有第谷那如鹰隼般的锐眼，但开普勒有一个勤于思考的头脑。他迈出的第一步就开拓了天文学研究的一个非常正确的方法，这就是要想研究“天”，必须要先知道“地”。他的天文研究就是从确定地球的运动开始的。

为确定地球与太阳的距离，开普勒使用了三角测量法，这种方法在古代中国经常被使用。要想知道一个不可企及的遥远点的距离，例如到一座遥远山峰的距离，就可以使用三角测量法。

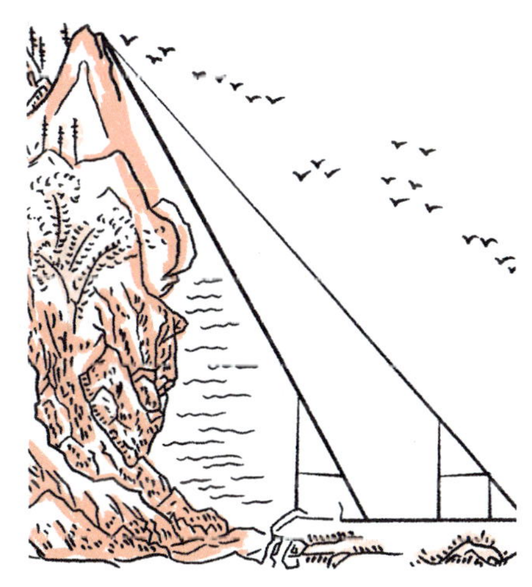

首先，在地面上找出两个基点，测量它们之间的距离，再测量这两点到遥远点的视角。也就是站在这两个点上，观看遥远点视线和地面的夹角，然后就可以推算出遥远点的距离来。

虽然三角测量法很简单，但该如何把它推广到天空中，去测量星球间的距离呢？例如，要测量地球与太阳的距离，怎样才能在天空上找到“不动的基点”呢？开普勒想出了一个绝妙的主意，他利用了“火星年”。**火星围绕太阳旋转，总会定时出现在太阳与地球连线附近的某一点上。只要每年在这个时刻，都对火星和太阳做同时观测，基点的难题就解决了。**用这个办法，开普勒确定了地球公转轨道的半径和轨道的形状。

下一步，为了确定一般行星轨道形状，开普勒选出了一颗行星作为“样板”。他很明智地选择了火星，这对他的重大发现起到了决定性的作用。开普勒选择火星并非偶然，因为经他测量发现，与其他行星相比，第谷对火星的观测数字与实际的出入最大。这是因为第谷先入为主地认定，行星的公转轨道都是圆形的，因此它们也都在做着匀速圆周运动。

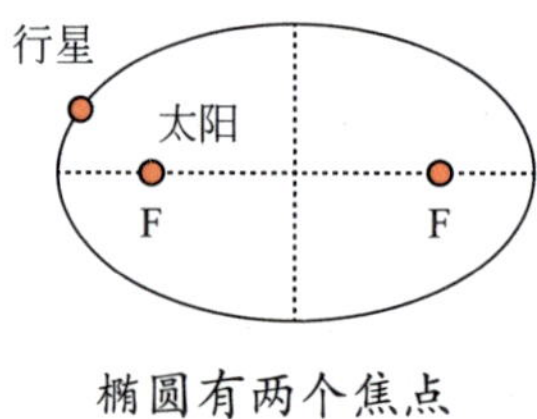

椭圆有两个焦点

开普勒摒弃了这个古老的偏见，他跨越式地提出了一个大胆的假定——火星的轨道是椭圆的，椭圆有两个“中心”，太阳只在其中的一个心上。

开普勒做这个假定非常大胆，要知道，无论是谁也不可能站在外空看到这个椭圆轨道，而他手中只有一堆数字，该如何从这堆数字入手，验证他的假设呢？

开普勒采用了试探法。他先假设了一个火星的椭圆轨道，再把按照这个轨道的计算结果与观测数据相比较。如果不合适，再回过头来修正假设的轨道。再计算、再比较、再修正，就这样，他往复做了 70 多次，直到最后试探出一个与事实相符的椭圆轨道来。

要知道，在开普勒所处的时代，既没有计算器，更没有计算机。放到现在，只要把数据放在计算机里，人们就可能在顷刻间得出结果。但开普勒只能用手绘，用尺量，再一个数据一个数据地手算，一个结果一个结果地对比。然而，就在一个很有希望的方案即将被确认下来的时候，计算结果却令他万分惊愕。原来，第谷的观测数据有错误。为此，他只得重新观测，重新修正数据，再利用所修正的新数据，重新修正结果，直到最后找到合适的新方案为止。他不禁感叹："看来，火星并不是那么容易被'征服'的。"

虽然这个过程十分辛苦，万幸的是，在研究行星运行规律时，开普勒首先选中的对象是火星。在众多的行星中，火星轨道的偏心率最大。如果选中的不是火星，其他的行星轨道更接近圆形，就很难得出行星的轨道都是椭圆的结论了。

验证了火星椭圆的轨道，下一步就是测量火星的运动速度。开普勒猜测，火星在它的轨道上，各点的速度不会一样。根据这个猜想，他提出了两个假设，一个是火星离太阳越近，速度越快，越远速度越慢。这个假设似乎还好理解，但另一个假设就十分惊人了。这肯定是开普勒经过缜密的逻辑思考得出来的，但究竟是怎么想出来的，现在的人们已不得而知了。根据他的假设，无论火星运行到哪里，在椭圆轨道上，轨道半径每天扫

开普勒

过的面积都是相等的。这两个假设正确与否就需要靠观测的数据来证实了。

开普勒的这两个假设非常关键，因为它们抓住了行星运行的普遍特征。有了这两个假设，下一步就需要利用观测数据核实。幸好，他从第谷那里继承了大量的数据，其中多数数据又经过他的观测，得到了修正。利用这些数据计算的结果证明，这两个假设都是正确的，但它们仅适用于火星，还不具有普遍性。他又把这两个结论从火星推广到了太阳系的所有的行星上，再经过反复核实，居然屡试不爽。就这样，开普勒终于建成了关于行星运动的第一定律和第二定律。

开普勒第一定律的内容是：每个行星围绕太阳运行的轨道都是椭圆，太阳位于椭圆的一个中心，也就是其中的一个焦点上。开普勒第二定律的内容是：在相同的时间内，行星运行半径所扫过的椭圆面积是相等的。开普勒不仅解释了行星运行的特点，更归纳出两条非常简洁的规律。不得不说，作为第谷弟子的开普勒，功绩远高于其师，是他开创了天文学研究的科学之道。

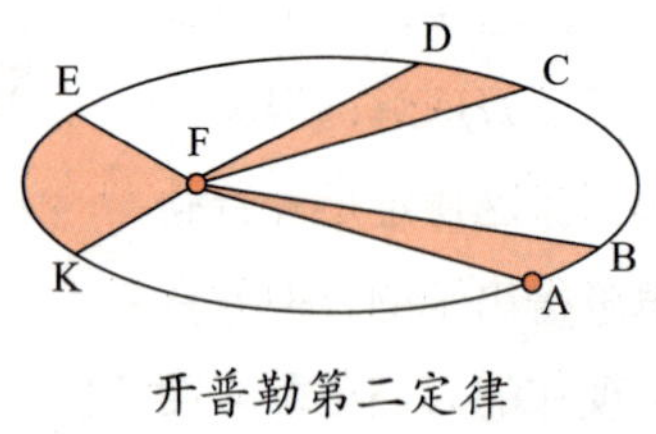

开普勒第二定律

开普勒并不满足上述两个结果，既然行星的运行轨道具有规律，行星的公转周期也一定有规律可循。于是，他以地球为标准，把日地距离作为1个距离单位，以一个地球年作为1个时间单位，列出了一张大表，表中列有各个行星的公转周期、与太阳的距离。乍一看，这些数字杂乱无章，看不到有什么关联。怎么才能找到它们之间的规律来呢？他再次用到了猜测法，就像做数字游戏那样，他对着这些数字做加、减、乘、除、包括平方和开方等各种运算。就像在黑暗的迷宫里摸索，开普勒毫无头绪地摸索了整整9年！

经历了无数次的希望与失望，终于有一丝光亮出现在眼前。开普勒发现，总有两个奇妙的数字相伴出现，这就是2与3！为了把这两个数字充分展现出来，他又列出了一个表，把公转周期、与太阳的距离、周期的平方、与太阳的距离的三次方等数据列了出来。正是这第二张大表，为他打开了思路。一年半之后，开普勒终于有了一个惊人的发现。他发现，“行星运行周期的二次方与各自椭圆轨道半长轴的三次方成正比”。就这样，开普勒的第三定律惊现于世人的面前！

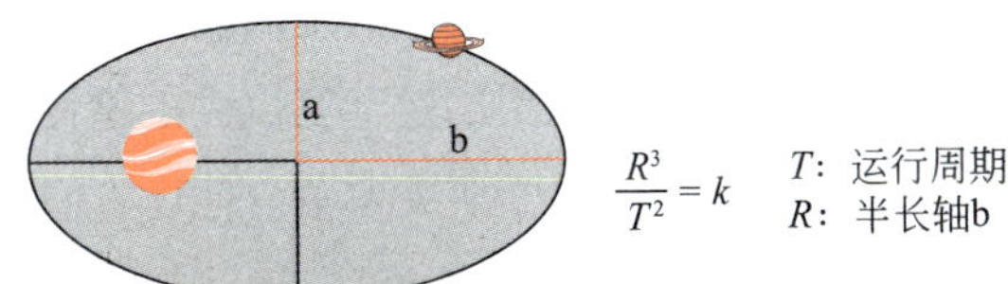

此时，开普勒非常激动地说：“看起来，正是18个月以前所露出的曙光，最终将它完全照亮……现在，已经没有任何事能把我拉回来了。”

将近300年后，爱因斯坦在建成广义相对论后，也曾说过类似的话：“几年来，我在黑暗中苦苦地摸索，带着强烈的渴望，最后终于看到了一丝曙光……这一切只有经历过的人才能理解。”

开普勒留给后人的是一座长存于世的丰碑，这座丰碑有两方面的含义。一方面，开普勒获得的行星运行三定律是非常重要的自然定律，不仅行星要遵循它，连同行星的卫星，以致太阳带领众星环绕银河中心的运动都遵循着它。这三个定律使人们认识到，太阳所率领的大家族是一个充满秩序的大家族。

除此以外，在开普勒的手中，天文学产生了两个重大的变革，一是证明了地球并非宇宙中心，彻底结束了“地心说”的时代；二是使天文学研究不再只是王室的“占星术”。在他的推动下，天文学成为一门屹立于自然科学之林的独立学科，天文学家也首次作为真正的科学家，获得了自己的尊严。

正因为开普勒把众多烦琐、复杂的天文数据归纳成一个统一而简洁的规律，才使得牛顿引力定律的建立获得了坚实的基础。牛顿曾说：“如果说我比别人看得更远，这是因为我站在巨人的肩膀之上。”无疑，开普勒就是他所说的巨人之一。

另一方面，开普勒留给人类的是一笔巨大的精神财富，这就是由他首次展示给世人的科学研究典范。他让人们认识到什么是科学，什么是科学精神与科学方法，**这就是明确的科学目标、逻辑的思维、缜密的思考、大胆的假设、严格的实验求证、对数学的信仰和超强的运算能力，以及无尽的耐心和坚韧的毅力。**正是这一切，使开普勒最终超越了第谷。

与过着豪华生活的第谷不同，开普勒的一生过得极度艰难，经年的战争、长期的漂泊、低微的薪酬使他贫困得难以养家，而来自同行的压力与教会的迫害也不断困扰着他。在花甲之年，为向宫廷讨取拖欠 20 余年的薪水，他被迫长途跋涉，并因此感染风寒，于 1630 年 11 月 15 日死于途中的雷根斯堡，终年只有 59 岁。他死后只留下几件衣服、一些书籍，口袋里只剩下几个芬尼（芬尼是当时德国的货币，1 马克可兑换 100 芬尼）。最后，在朋友的帮助下，开普勒被葬于拉提斯本的圣彼得教堂。

以现代某些人的眼光看，开普勒算是一个十足的“笨人”，他为什么不在有限的青春里，以自己的聪明才智，寻找一条更好的出路呢？他为什么不像他的老师第谷那样，成为宫廷的占星师，拿着高薪，过上安定而富裕的生活呢？

开普勒为自己书写的墓志铭给出了回答，“我曾测天高，今欲量地深。我的灵魂来自上天，凡俗的肉体归于此地。”简单的几个字，开普勒为自己的科学目的和科学精神做了最好的回答。虽然后来因为连年战争，他的坟墓被荡平，但是他为天文学做出的贡献将是一座无比壮丽的丰碑，永远留存于人们心中！

10 大气压强：如何对大气的怪现象做猜想和验证？

在地球上，到处充满了空气，它的边界远在地球万米高空之外，范围之大，远超出地球表面，故称为“大气”。大气是支撑人类生存的重要条件，但人们很少注意到它。人们从认识到大气的重要性，到知道它的性质，经过了一段相当长的历史过程。大气的性质是什么样的呢？

地球的大气

大气的性质很是怪异，看起来它十分温和，发起飙来却能掀起巨浪，翻江倒海，拔树倒屋。看起来它绵软无力，却能承载着巨型飞机。如果没有了它，人不能呼吸，不能听到声音，周围的一切会变得静悄悄。此时除了万物不能生存，据说从天上掉下来的雨滴也能把人砸死。

对于雨滴在空气中下落的事，有人曾做过估算。首先，雨滴不能太大，否则它很快就会粉碎成小水滴。姑且设想雨滴是一颗半径是 4 毫米的小球，从 2000 米高空下落，这个假设也符合一般落雨的情况。依照大致的规律，空气的阻力与雨滴下落速度的平方成正比。在重力的作用下，雨滴下落的速度迅速增大，可是空气的阻力增大得更快，直到阻力与重力大小一致时，雨滴就开始匀速运动了。

有了这些假定，就能很容易地估算出雨滴落地时的速度，大约是每秒 1 ~ 2 米，这样的降雨不会使你不安。反过来设想一下，如果没有了大气，雨滴在真空中下落，情况就将完全不同了。来自上千米高空的雨滴，不受任何阻力地自由下落。到达地面时，它的速度剧增到每秒 200 米，接近一颗子弹的速度，你还敢去“雨中行”吗？

再仔细一想，不难发现上面说法的漏洞，如果地球没有了大气，还能有云层和雨滴吗？没有了大气，二氧化碳将不复存在。大气中的二氧化碳是维系地球热量的保温层，这个保温层的责任可太重大了。如果它太厚，地球难以散出多余的热，就会产生温室效应。但如果它太薄，甚至没有了，那将会带来更大的危险。太阳辐射给予地球的热量会很快散发，地球气温将降到零下几十摄氏度。这时地球表面的水全部冻结，形成一个大冰坨。到那时，地球还会有雨滴吗？

如果按照这个逻辑进行思考，那么“大冰坨”的说法也有漏洞。没有了大气，地球就会暴露在太阳的辐射里，半边暴晒，半边酷冷。地球的水分不只是逐渐蒸发，甚至会很快散逸到太空中去。最后的结局是，地球失去了水，既无雨点，也没有冰坨，既没有风、云和雷电，也没有雨雪和冰雹。即使发生了星球撞击，引起了全球强烈的强震，也只有振动而已，没有一点声音。这时的地球，将变成一片干燥、死寂的荒漠世界！

此时如果你还活着，请抬头看看天空吧。由于失去了气体分子对日光的散射，太阳光和众星的星光将长驱直入。尽管太阳和众星也闪着亮光，但天空不再蔚蓝，而是漆黑一片。从外空过往的宇宙尘或各种外来物，不再受到大气的阻挡，它们像一串串火球，肆无忌惮地轰击地球，地面将成为坑坑洼洼的大麻脸，就像月球上那样。

请你不要担忧，上述情景不可能发生，因为在引力的维系下，大气不仅始终包裹着地球，还保持着一定的密度和一定量的压强。

维系大气层可是件很不容易的事，这一点并不是所有行星都能办得到。如果地球太小，比如地球变得像月球那样，质量只剩下原来的 1/81，那么引力也减小为原来的 1/6，上空的大气也会因此跑光。但是，如果地球变成了一个大块头，引力太大致使大气过于稠密，那么大气压强太大，生命也难以维持。何其幸运，我们不仅拥有一颗大小合适的太阳，还有一个大小合适的地球。不仅如此，地球距离太阳恰好不远不近，且拥有合适的大气。这一切都恰到好处，地球生命才得以繁衍生息。

对了，别忘了大气中还有水气，它们来源于地面水的蒸发。这些小颗粒虽然无法用肉眼看见，但威力却很大。云、雾、雨、雹、雪、霜、露等，皆是由它们形成的。在形成的过程中，由于水的汽化和凝固，还可以直接影响气温，甚至控制气流的运动，形成各种各样的风。

正是由于这一切，使大气有如此丰富的物理性质，值得人们去深入研究，而对大气的研究，是从它的压强开始的。

对气体压强的研究

人类认识空气是从研究“压强”开始的。最早用实验方法研究空气压强的人物之一，是意大利物理学家托里拆利，他是伽利略的学生，也是伽利略的助手。

在无意间，托里拆利听说，无论人们怎么努力地抽水，也不能把水抽到 10 米高以上。他猜想，是不是正如他的老师伽利略所说，空气是有重量的呢？一方面，因为在水面上有大气压着，所以水管里的水才能升起一定的高度；另一方面，也可能大气所提供的压力是一定的，这样水面才不会无限升高呢？

托里拆利

托里拆利的这个想法，把对大气的研究方向引入正途，这就是从研究大气压强入手认识大气。更重要的是，他对大气压强的研究也采用了正确的实验方法。显然，用 10 米高的水管做实验，在室内难以完成，聪明的托里拆利想到了使用密度更大的液体，他先后用了海水、蜂蜜，最后用到了水银。

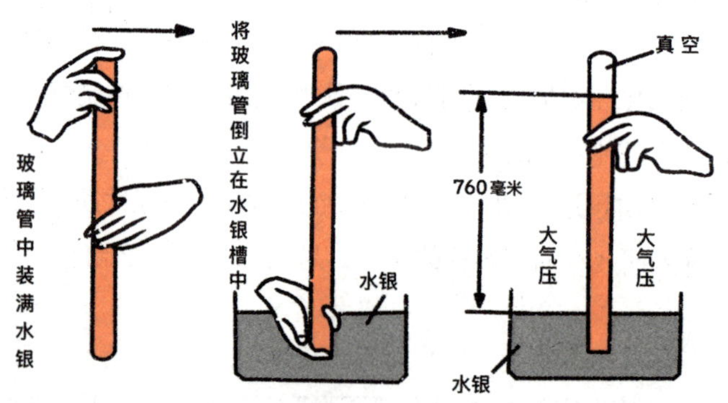

1643 年的一天，托里拆利把一根 1 米长的玻璃管灌满了水银，然后用手指顶住管口，将其倒插进装有水银的凹槽里。放开手指后，管内的水银下落，上面留出了一部分空间。管内的水银有 760 毫米高，上面留有的空间则是真空。接着，他又发现，无论原来的玻璃管比 1 米长多少，无论玻璃管是竖直放还是斜着放，无论倾斜角有多大，管内水银柱的“垂直高度”总是 760 毫米。这个现象让人感到奇怪，这究竟是为什么？

聪明的托里拆利是这样解释的，玻璃管里水银柱的重量是由大气产生的压力支撑起来的。水银柱的垂直高度是 760 毫米，恰好说明了大气压强的大小。1644 年，根据这个实验结果，托里拆利与助手维维安尼合作，制成了世界上第一支水银空气压强计。

帕斯卡的裂桶实验

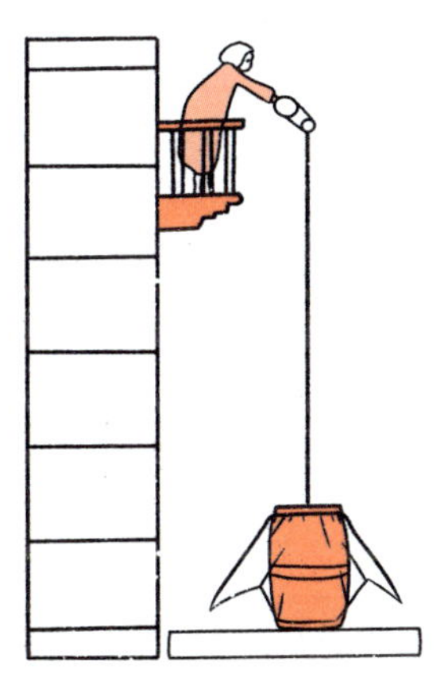

尽管托里拆利的实验明显地证实了大气压强的存在，但在当时，承认大气能产生压强的人并不多。难道“空无一物”空气，能产生这么大的力量吗？好在，为托里拆利助阵的人也不少，其中就有著名的法国数学家、物理学家帕斯卡。

帕斯卡是一位热爱物理学的数学家，在托里拆利实验的 15 年之后，他不仅再次证明了大气压强的存在，还利用压强的这个特征，澄清了空气和真空的区别。

1658 年，在帕斯卡 25 岁那年，他亲自为大气压强的存在做了证明。这是人类科学史上非常惊心动魄的一次实验，也被称为“裂桶实验”。

帕斯卡的“裂桶实验”是这样做的：他在一个密闭桶里装

满了水，再在桶盖上插入一根细长的管子，然后从楼房的阳台上向细管子里灌水，结果只用了几杯水，就把桶撑裂了，桶里的水也从裂缝中流了出来。就加上那么一管水，怎么能把水桶撑裂呢?

不妨做一个简单的估算。假定帕斯卡所用的水管比 10 米长一点，把水管竖直插在装满水的木桶里。现在，开始往水管里灌水，看看情况如何?

如果在一开始，水管里的水面恰好与水桶里的水面对齐，桶壁所受的压力是多大呢? 在桶的外壁，受到了指向桶内的大气压强，桶的内壁除了受到指向桶外的大气压强，还要受到来自于水的压强。水带来的压力被桶壁膨胀后的弹力抵消，不至于把桶撑破。

现在开始往水管里注水，当水面升高到 10 米时，桶的内壁在原来所受压强的基础上，又加大了 1 个大气压强，增加的这个大气压强使桶内壁所受压力增加了多少呢? 不妨以人为标准，做一个简单的估算。假定人体表面积是 2.2 平方米，在 1 个标准大气压强下，人体表面受到压力约为 20 万牛，即使这个桶的内壁受到的压力只有人体表面的一半，这个附加压力也达到了 10 万牛。这个附加压力将超过木桶壁的弹性限度，使桶壁无法支撑，自然就被撑裂了。

原来，导致木桶撑破的正是这 10 米长细管中的水。其实，这点水并不很多，如果细管的直径是 1 厘米，所灌入的水大约只有 300 多毫升，相当一个可乐瓶的储水量!

帕斯卡“裂桶实验”的效果非常明显，它不仅证明了液体内部的压强与深度有关，还促使人们重新认识托里拆利实验揭示的“大气压强”。

马德堡半球实验

为托里拆利助阵的还有远在德国的马德堡市的市长格里克。1654 年，托里拆利已经去世，为了给他鸣不平，格里克和他的助手一起完成了一个物理学史上著名的“马德堡半球实验”。这个实验因其巧妙的设计、精彩的表演以及轰动的效果而扬名天下。

他们采用了两个直径约为 37 厘米的半球壳，把它们的接口密封好以后，再把球里面的空气抽空。这两个半球被牢牢地压到了一起，把它们挤压在一起的就是大气压强。为了证明大气压强之大，格里克找来几匹马，把它们分成两组，像拔河那样去拉，直到增加到 16 匹马，才把两个半球拉开。

这个实验的效果实在惊人，格里克市长为这场实验付出了 4000 英镑，成就了物理学史上一个极为著名的经典实验。这场表演把平时不被关注的大气压强生动地展现在人们面前。在场的人，不仅全都相信空气能产生压强，还被大气压强之大所震撼。

对气体压强的纠结

尽管托里拆利、帕斯卡和格里克等人的实验生动地显示了大气压强的存在，而且还表明它的数值相当大，可质疑者仍然不少。一方面，大多数人常以“眼见为实”的观点看待事物，他们不相信，看起来“空无一物”的空气怎么能产生这么大的压强呢？在当时，还有些人不相信有“真空”这回事，甚至把空气和真空混为一谈。另一方面，有的人即使相信有“真空”，却不相信有大气压强存在，他们认为托里拆利实验中的水银柱，是受到玻璃管上面那段真空“吸力拽引”的结果。更有人百般嘲弄这些大气压强实验，认为这是在玩“巫术”骗人而已。

在当时，还有人实在不明白，既然压力那么大，为什么没有把人压死呢？当然，现在人们已经知道，这是因为在我们的体内并不像马德堡半球那样是真空的，人体内的空气也有向外的压力。与此同时，我们的体内存在大量的液体，它们不仅难以被压缩，还能传递压力，使体内外的压力始终保持平衡，所以我们没有被大气所压瘪。

实际上，产生怀疑还有更深层次的原因。当时的气体研究受限于实验水平，究竟为什么气体会产生压强？像气体这样的物质，究竟有什么特点？这些问题并没有获得解释。

在当时，很多人不知道气体和液体这类物质的特点，不知道它们不仅是由细小颗粒组成的，而且这些小颗粒的运动还影响着物质整体的性质。为此，研究气体既要关注小颗粒的运动，又要关注物质整体的性质。

这些小颗粒不足够大，且运动无规则，所以牛顿的经典力学并不完全适用；同时，这些小颗粒又不足够小，也不能完全适用量子力学。正是由于这样的特征，气体问题处于物理世界中的一个“灰色地带”。也正因如此，对气体的研究，从实验到理论，竟然又花了200多年，直到气体“分子运动论”的建成。

除此以外，对气体压强的研究也没有考虑气体流动的因素。如果气体流动了起来，情况就更复杂了。比如，在飓风到来的时候，空气以每小时五六十千米，或近百千米的速度流动，空气分子的无规则运动与有规则运动叠加后，造成的压强更势不可挡了。

有时气流还呈现无序的状态，例如空中湍流，常发生在距地面9000 ~ 10 000米的高空，甚至在晴朗的天气中也能陡然出现。这种气流以将近每小时300千米的速度移动，而风产生的压强与速度平方成正比。也就是说，风速在每小时300千米的时候，所造成的破坏力不是风速每小时30千米时的10倍，而是100倍。再加上空中湍流的无规则性，就使它的破坏力大大加强。而大气产生湍流的区域，又恰好是飞机飞行的高度，它会造成飞机剧烈的颠簸，甚至事故。实在难以相信，这一切都是气体分子在作祟。正因如此，研究气体分子运动与压强的关系就变得十分重要了。

11 气体分子运动论：伯努利的猜想为什么很重要？

谈到气体和液体的研究，以及“分子运动论”的建立，就不得不提到一个人，他就是著名的瑞士数学家、物理学家丹尼尔·伯努利，他是最早用分子的运动解释压强的人，更是分子运动论的首创者。

不得不说的伯努利

学过物理的人，通常不会忘记伯努利定律，即使内容已经记不清，但“白努力”的戏称却始终记在脑海里。**伯努利定律说的就是流体的压强与流速的关系。**从地铁、火车道前的安全线，到乒乓球、足球、棒球的“旋转球”，从喷雾器到汽油发动机的喷油嘴，从高速流体的附壁效应到洋流的弯曲走向，从飞机的升力到测速管，无不与伯努利定律有关。

除了伯努利定律以外，在数学中还能见到更多伯努利的名字，如伯努利数、伯努利多项式、伯努利方程式、伯努利双摆线、伯努利分布、伯努利流程、伯努利悖论、伯努利流速管，等等。为什么这个名字会遍布数学和物理的各个角落？细查资料就会发现，原来伯努利指的并不是一个人，而是来自瑞士的一个大家族！

伯努利

在科学史上，父子科学家、兄弟科学家并不罕见，如原子理论创建者玻尔父子、飞机发明者莱特兄弟、研究物质放射性的贝克勒尔祖孙、新灾变论的提出者阿尔瓦雷斯父子，等等。但一个家族连续几代人，全是科学家的却极为少见，例如，贝克勒尔家族祖孙 4 代有 4 人是著名物理学家。除此之外，还有伯努利家族祖孙 3 代，接连出现 8 位著名数学家。这 8 位数学家，还分别在天体物理、物理学和地理学领域享有重要地位，而在他们的后代中，至少还有 120 人在数学、自然科学、工程技术，乃至法律、管理、文学和艺术上享有盛名。更为奇特的是，这一家族的人天然与数学有缘，似乎有一只无形的手，把他们拉到数学人生的轨道上来。无论从事什么领域的研究，伯努利家族的人皆爱好数学，精通数学。**在近一个世纪中，无论遭遇什么样的社会动荡与家族变迁，整个家族始终沉湎于数学之中，堪称科学史中的奇迹。**

在伯努利家族中，丹尼尔·伯努利是最具才华的一位。他很小就展露了数学天分。遗憾的是，家族要求他学习经商，后又转学医学。获得了医学博士学位之后，伯努利的数学天资仍然没有被掩盖，他把数学应用到了呼吸机制研究，以及血流和血压关系的研究中。在探索人的听力时，还研究了乐器的发声原理、声音的振动、弦的振动、振动的叠加原理、音调和音色的关系，以及弹性体问题。由于数学功底深厚，这一系列研究都是纯理论性的，也都是通过应用数学来解释物理现象的。他所研究的课题之广、讨论之深刻，使这位在医学界初露头角的伯努利很快在物理数学界成名。

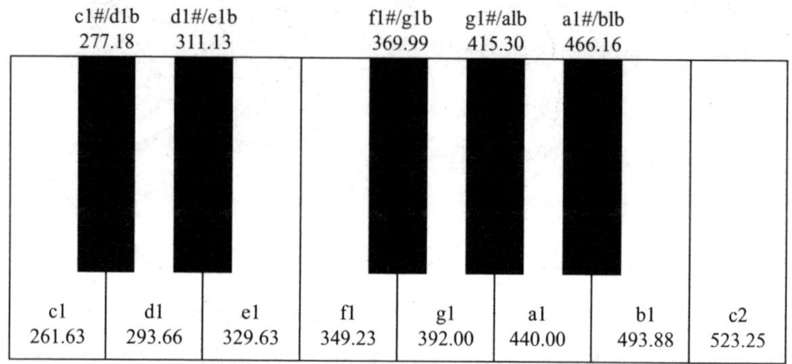

每个音符的音名下，对应的是频率

1738 年，伯努利沿用一贯风格，开始研究他一生中的主要课题，即对气体和液体的数学理论研究。他吸纳了拉格朗日的力学分析成果，并通过能量守恒的关系，从流体力学现象归纳出了一个简单的原理。这就是关于流体压强与速度关系的表述，即著名的“伯努利定律”。这个原理可以用来解释涡旋等流体现象。

伯努利定律发表于 1738 年。在这之后的几百年中，他的这一成果被广泛应用到了各个领域，如现代航空飞机的飞行原理、飞行速度和风洞测试、射流技术，并被用来解释气旋、飓风、潮汐等现象。正是由于在数学与物理学的多方面成就，伯努利先后荣获 10 次法国科学院颁发的科学大奖。在流体问题的研究上，他最大的成就就是分子运动论的建立。

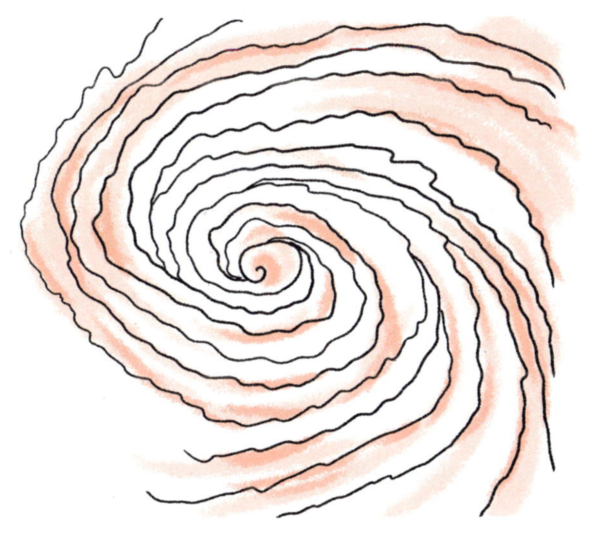

气体分子运动论的创建

在对托里拆利、帕斯卡和格里克的实验产生怀疑的人中，不少人还在依赖牛顿的经典力学。例如，牛顿本人就认为，压强是由于整块气体或整块液体的重力产生的，正因为来源于重力，它们才会对器壁产生静压力。至于这个静压力从何而来？牛顿又解释为，来自于分子之间的静态排斥力。但是，既然是分子间的静态排斥力，为什么压强又可以传递呢？为什么气体的压强又可以随着温度而升高呢？显然，牛顿的“整块重力说”是解释不通的。

伯努利首先冲破了牛顿思想的桎梏。1738 年，他发表了著作《流体力学》，这部书称得上是对气体理论研究的开山之作。在这一著作中，伯努利以气体为代表，提出了如下大胆“猜想”。

（1）气体是由大量的分子所组成的，这些分子处于永不停息的运动之中。

（2）气体的压强就是大量分子撞击的结果。

（3）各种热现象也是大量分子运动的表现。

能提出这一系列大胆的“猜想”非常了不起，因为这一猜想，伯努利就把对气体的研究引到了一个正确的方向上来！

在伯努利所开创的研究道路上有许多学者紧随其后。1744年，俄国的科学家、哲学家兼诗人罗蒙诺索夫首次把机械能守恒定律应用到了分子运动的热现象中；1857年，德国数学家、物理学家鲁道夫·克劳修斯提出一个更复杂的气体动理论，除了分子的平动，他还考虑了分子的转动和振动，并引入了平均自由程的概念；1859年，在克劳修斯工作的基础上，英国数学家、物理学家詹姆士·麦克斯韦提出，气体分子的速率是按照一定方式分布的，麦克斯韦的分子速度分布率是物理学史上第一个统计定律；1871年，奥地利物理学家路德维希·玻尔兹曼进一步推广了麦克斯韦的工作，提出了麦克斯韦－玻尔兹曼分子速率分布率，即在一定的温度下，分子的运动速率都按照一定的概率分布，按照这一思想，可以解释气体的压强、扩散等很多性质，也正是这一思想奠定了分子运动论的基础。

从伯努利开始，到玻尔兹曼的统计理论，气体分子运动理论几乎经过了一个半世纪，才算有了眉目。即便如此，这一理论还只是停留在“猜测”的基础上，信服者也并不很多。

在这以后，尽管理论不断地完善，也不断受到实验的检验，但直到20世纪初，空气的分子运动论仍不被众人所接受。反对这一理论的人并非普通人，其中就有著名的物理学家兼哲学家马赫，还有化学家奥斯特瓦尔德。

为什么气体分子运动论的建立时间如此漫长，为什么人们接受这些理论如此困难？重要原因在于人们习惯了宏观物理问题的研究方式，习惯了以“眼见为实”作为接受真理的标准，而气体分子既看不见，也摸不着，它是否存在还未可知。对于那些习惯处理宏观世界经典物理问题的研究者来说，“灰色地带”的物理问题是他们不适应的领域，他们对这些问题的研究方法也很陌生。

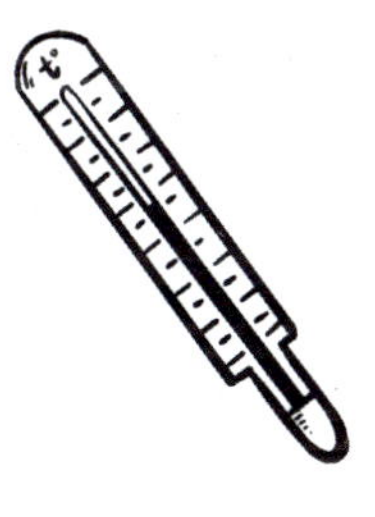

气体分子运动论是描述气体中大量分子无规则运动的理论。利用这一理论，可以从微观的角度出发，利用统计平均的方法，完整地解释气体的各种宏观性质，如压强、温度和体积等，还可以获知它们之间的变化规律。于是，分子运动论成为了宏观气体定律的基础，也成为了物理学“灰色地带”最为成功的理论。

气体分子运动论

归纳起来，分子运动论理论是在以下 4 点假设上建立起来的。

（1）气体是由大量具有质量的小颗粒，即分子所组成，分子和分子之间非常空旷。为了简洁明了，假设这些分子都是一模一样的。

（2）每个分子都在做着无规则的随机运动，这些小分子是怎么运动起来的，既不知道，也不做追究，可把它看作天然就有的，或者在宇宙创生时就留下来的。

（3）分子间有碰撞，碰撞是无规则的。碰撞之外，除了受到地球的吸引，各个分子都是自由的。因此，分子的碰撞都是随机发生的，每一次碰撞之后，分子的运动都是从头开始，与上一次碰撞的结果无关。

（4）组成气体的分子数量极大，因而可以进行统计处理。

看来，气体由大量彼此松散的小分子组成，这些分子的运动又具有无规则性。面对大量分子的随机运动，要想获得气体的整体性质，牛顿定律用不上了，麦克斯韦 – 玻尔兹曼统计的方法是最适合的。果然，利用气体分子的统计规律，关于气体的温度、压强、扩散、阻力与浮力等各种宏观性质，都能得到解释，进一步还可以找到这些性质之间的宏观规律来。如果这些宏观规律得到了实验的验证，反过来，自然也验证了分子运动论的正确性。

直到 20 世纪初，仍然有些物理学家认为分子只是个假想，并非真实存在。但爱因斯坦的出场，终于让这场争论有了转机。

提起爱因斯坦，人们常常想到的是他的光子论、相对论和质能定律，这些划时代的伟大成就，使他成为物理学界一位可以与牛顿比肩的巨人，然而爱因斯坦还有一个重大的成就，这就是他曾为分子运动论“一锤定音”，虽然促使这项成就的契机是对“布朗运动”的研究。

12 压强传递：固体、液体和气体中压强的传递为何会不同？

1648 年，帕斯卡的“裂桶实验”证明了两件事：一是液体内部的压强与深度有关；二是在封闭的液体中，压强还可以大小不变地向着四面八方传递。在此基础上，帕斯卡于 1653 年提出了帕斯卡原理。

那么，为什么在液体中，压强可以向四面八方传递，但在固体和气体中却不行呢？说明这一点最典型的例子就是“按图钉”。按动图钉的力，既不能把图钉帽的面积沿横向延伸，也不能使尖针沿着横向变粗，只能沿着作用力的方向，传递到图钉尖针的端头上。**此外，固体所传递的只是力，而不是压强。**所以，当用力按图钉时，图钉帽的压强与尖头的压强完全不同。**固体**

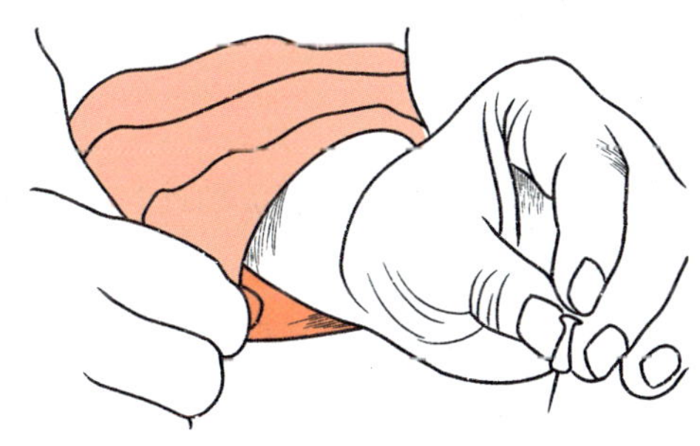

传递力的这个特点，是由于组成固体的小分子只能在原地做小规模、无规则的运动，所传递的力是由于弹性形变的应力而产生的。

气体像液体一样，也具有流动性，可以传递压强，但气体传递压强又与液体不同。由于气体可以压缩，所以它不能把压强均匀地传递到四面八方。例如，当飞机在空气中飞行时，它的上下前后气体的压强截然不同。机翼上下的压强差给飞机以升力，把巨型飞机托举起来，而飞机前后方的压强差造成飞行的压差阻力。飞机的上下左右的压强不同，其原因就在于空气既具有流动性，又具有可压缩性。

与固体和气体不同，液体既具有流动性，又具有不可压缩性，使得液体传递压强有如下特点。

（1）液体所传递的是压强，而不是压力。

（2）液体内部的压强是朝向四面八方的。

（3）在同一深度上，液体内部的压强相同；在同一种液体中，深度越深，压强越大。

（4）液体内部的压强，只取决于液体的种类和深度，而与液体的体积与质量无关。正因如此，如果容器是密闭的，外部的压强，可以在液体内大小不变地沿着各个方向传递到任意点上。

（5）容器底部所受的液体压力，与液体的重力并不总是相等的。液体压力既可以大于液体本身的重力，如盛水的容器上口较小，同时底部较大；也可以小于液体本身的重力，如上口较大，同时底部较小的容器；也可以等于液体本身的重力，如直筒形的容器。这个特点正表明，液体所传递的是压强，而不是力。

海洋的压强

在我们的体内，在日常生活中，只要有液体的地方，就有液压存在。不少工程机械、冶金机械、车辆、机床，甚至一些现代化大型武器装备上，都是利用液压工作的。除了这些液压机械，我们还想到了海洋，它是一个更大的“液压世界”。

海水的表面很平静，内部却凶险异常，凶险因素之一就是海水的压强。**海水的压强随着深度增加，大约每增加 10 米，压强就增大 1 个大气压。**如果人的体表面积以 2.2 平方米计算，相当于在人的体表上，大约增加了 20 万牛的压力，即相当于 20 吨的货物所受的重力！由于海水含盐，再加上温度和杂质等因素，实际压力还会更大。

当然，由于长期的进化，人类适应了在大气压下生活，不会感觉有空气在压着我们。但在海洋内就不同了，在水内的压强，将是水面气压和水压的总和，也就是下潜 10 米后，人要承受 2 个大气压强。

假如你是一个浑身穿着抗压盔甲的“钢铁侠”，不妨潜到海洋里视察一番。在海水下，如果不使用任何设备，一般普通人只能潜到 10 米深。在这个深度上，一只空着的运油车的大油罐将被压瘪。到了 30 米深，虽然专业潜水员可以到达这里，但会感到浑身剧烈疼痛。到了水下 300 ~ 600 米处，你将看到潜艇在活动。潜艇之所以如此抗压，是因为它的外壳采用了特殊合金钢，这身盔甲的厚度达到 18 厘米。如果不这样，玻璃也会被压成碎末。到了 1000 米深的地方，如果温度再低于 10℃，甲烷气体会被压成固体，可燃冰就是这样形成的。

然而，如果你在深海中巡回，另一番景象一定让你震惊。

你会看到，在 1000 米的深海里，存在着大量生物。除了微生物，还有不少虾、乌贼、蛤蚌和鱼类，甚至鲸鱼也偶尔到此地漫游。在超万米深的马里亚纳海沟，也仍然有不少鱼虾和微生物在那里生活着。

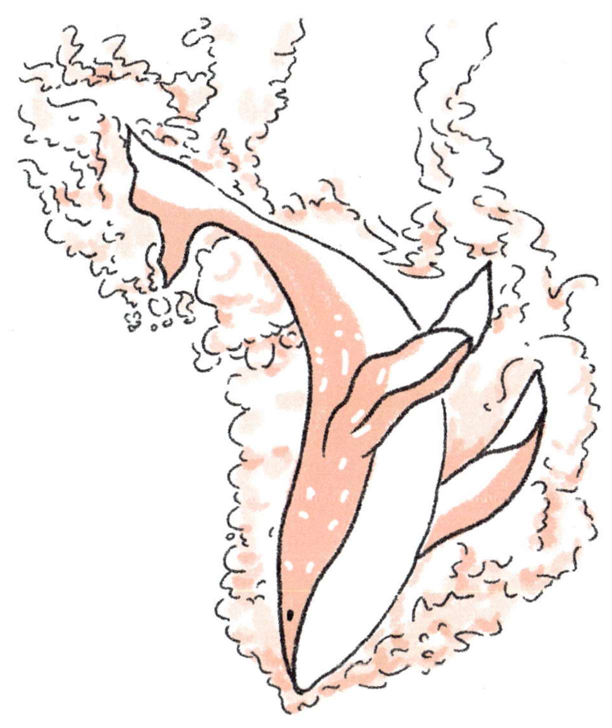

这些鱼类并没有像潜艇那样的钢铁之躯，它们是如何抗击高压的？原来，它们用的是“以柔克刚”之术。这些鱼类的身体很柔软，体内充有大量的体液，主要的成分就是水。虽然它们不可能懂得水的性质，但它们的身体经过长期进化，**却能利用“水的不可压缩性”，形成自己特殊的细胞及组织结构。**然而，当把它们捞出水面时，外部压力大幅度骤然减小，体内强大的压强会导致它们血液内的氧气和氮气析出，血管和器官破裂，内脏甚至被合盘脱出。

水的浮力

浮力就是水内部的压强差造成的。早在公元前200多年，古希腊学者阿基米德就创建了关于浮力的阿基米德原理。这一原理说的是，浸在液体中的物体受到的向上的浮力，浮力的大小等于物体排开液体所受到的重力，浮力的大小可以用下式计算。

$$\boldsymbol{F}_{浮}=\rho_{液}gV_{排}$$

从这个公式看来，一个浸入液体里的物体，它所受的浮力与它自己的密度、高度及底面积甚至形状都没有关系，只与排开的水重有关。这件事，想一想似乎有点奇怪，既然浮力是由液体的压强差造成的，显然应该与物体的高度有关，可为什么不是这样的呢?

当然，我们可以用实验来证明这件事，但也可以从理论上得到证明。不妨把理论上的证明分成两步进行。

第一步，设想在密度为ρ的液体内，竖直放着一个底面积为S，高度为z且粗细均匀的长方细条，看看它受到的浮力是多少？很容易证明，它所受的浮力与自身的密度、高度及底面积都没有关系，只与排开液体的重力有关。在推导中，有一件事值得注意，这个长方条的四个竖直侧面也受有水的压力，但它们与浮力无关，在推导中，无需计入。

第二步，如果浸入的物体形状是任意的，例如一颗马铃薯，该如何计算它所受的浮力呢？严格地说，碰到任意形状的东西，就需用到微积分进行计算。现在不妨简化处理，把它沿竖直方向像切“薯条”那样切成许多粗细均匀的长方细条。任意取出其中一根，无论这根是贴近马铃薯表面的，还是在马铃薯内部的，反正计算的是浮力，只需考虑上下表面的水压力就够了。

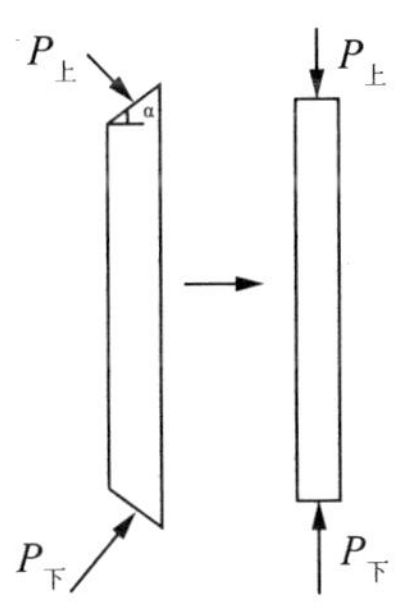

由于取出的马铃薯条是任意的，从侧面看，它的上下表面都有可能是倾斜的，所受的液体压强 $P_上$和 $P_下$都不是竖直的。上面所受的压力是倾斜的，向下的压力只是水压的一个分力。薯条水平面上受到虽然只是个分力，但水平面的面积也小于之前的斜面，所以整体算下来，就相当于水压强 $P_上$的大小不变，而受力面变成了倾斜面的水平投影面；同样，在下表面上也是压强 $P_下$不变，而受力面变成了倾斜面的水平投影面。这样做的结果，一根上下表面都是斜面的“薯条”，就转变一根上下表面都是水平的竖直长方细条。把众“薯条”拼接起来，自然得出如下结果：这颗马铃薯浸在液体里的浮力，等于它排开液体的总重。

说到这里，你可能会疑惑，在这个过程中，似乎有一处打了“马虎眼”，上下都是斜面“薯条”，能用多个直方条的组合代替吗？

根据这个疑问做一个猜想，如果把薯条切得很细，细到“头发丝”那么细，或细到无限细，你还在乎上下面是斜的，还是平的吗？其实，这就是微积分的思想，用微积分可以严格证明，浸在液体中物体所受的浮力只与排开液体的重量有关。也就是说，浮力只与浸在液体中物体的体积有关，而与它的形状、密度无关。

大坝毁于一旦的元凶——扬压力

关于浮力，还有两点你可能没有料到：一是水的浮力不仅能载船，还能造成巨大的灾难；二是当没有明显见到水的情况下，也有浮力存在。重力坝的“扬压力”就是一个明显的例子。

顾名思义，重力坝就是依靠自身重力来保持稳定的大坝。我国长江三峡水坝是世界上最大的混凝土重力坝，它的坝高 181 米，坝顶高程 185 米，坝顶宽度 15 米，坝底宽度 126 米，大坝轴线全长 2309 米。它是由混凝土整体浇筑而成，混凝土浇筑量达 1600 多万立方米，重约两亿吨！

为什么很多大坝都采用重力坝的结构呢？这是因为这种“整体性结构”有其优越之处。它就像坐落在基底上的一块巨石，全身重量压在基底上，巨大的静摩擦力使其保持屹立不动，既能抗住来自库水的压力，又很难被洪水冲毁。

然而，你可能想不到，即使一座雄伟的大型重力坝，它也有弱点，而正是柔弱的“水滴”会给它造成“暗伤”。这是由于大坝自身材料具有细孔，而无论这些细孔有多小，其中的水珠也有上下的压强差，从而产生浮力。在工程上这种浮力就叫作“扬压力”。水的“扬压力”并不明显，但你不能轻视它，当孔洞多了，群体“扬压力”集合起来，危机也就潜伏了起来。

对“扬压力”，人们从不知道，到有了模糊的认识，直到找到一点应对的办法，竟然经历了百年之久的曲折过程，即使到了现在，也不能说找到了完全有效的掌控之法。

最初发现“扬压力”作祟，竟然是在惨痛的大坝事故中。在19世纪末到20世纪初的30几年内，世界上接连发生了4场重力坝的大事故，它们分别是1882年法国布泽衣大坝失事、1900年4月7日美国得克萨斯州奥斯汀大坝失事、1911年9月30日美国宾夕法尼亚州奥斯汀大坝失事、1928年3月12日美国加利福尼亚州圣弗朗西斯大坝失事。正是这些惨痛的教训，使人们逐渐认识到“扬压力”对重力坝的危害。

“扬压力”是如何产生的呢？这是因为坝体渗水造成的。最初，人们以为渗水是大坝出现了裂缝。如果沿着竖直方向的裂缝渗进了水，那么在缝中上下水面的压强差就会产生浮力。人们以为，这些水缝像牵引重力坝的一条条“绳子”，把大坝向上

“拉起”。重力坝的下压力减小，坝底的摩擦力随之减小，使重力坝失去了稳定性。然而，进一步研究的结果发现，事情并不这么简单，因为没有裂缝的重力坝也会出现事故。

重力坝是由混凝土和石子浇灌而成的，人们原以为除非它出现了裂缝或蝼蚁穴，否则不可能渗水。然而，在 7500 倍的电子显微镜下观察后，人们发现，混凝土并不是“铁板一块”，而是由颗粒胶黏结在一起的多孔性固体，里面密密麻麻地充满了小孔穴，孔穴里面渗满了水。这样一来，就像受到重力的情况一样，坝体各处也都受到水的“扬压力”作用。

无需浸泡在水里，仅仅是渗水，也会使大坝受到水的浮力作用。从安全角度考虑，在设计时，干脆假设混凝土坝体是“泡在水里面”的。为了减小“扬压力”，大坝不能太高，以避免水压上下的压差太大。此外，还要加大大坝的底面积，以保证坝体有足够的重力，例如一座高为 76 米的重力坝，它的坝底厚度竟然达到 107 米。

不仅重力坝如此，在楼房的设计上，也需要考虑“扬压力”对地基的作用。以世界第一高楼，828 米高的迪拜塔为例，为了稳定，它的地基必须很深，甚至远远地超过当地地下水位的深度。它的地基四周有 1 米多厚的混凝土防水护墙，基底是数米厚的混凝土底板。为了防滑，在底板的下面还装有横七竖八的水泥隔板。采取了这些措施之后，你以为就能免除“扬压力”了吗？别忘了，混凝土是一种“多孔性的固体材料”！

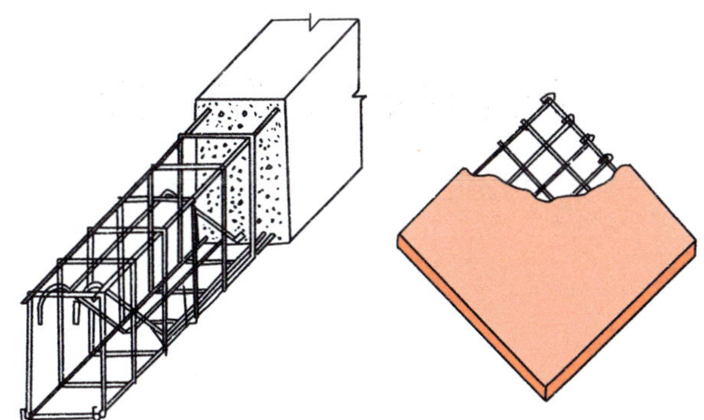

当地下土壤中的水渗透进来，使混凝土地基的材料细孔中充满了水，就不得不考虑“扬压力”的危害。为了高楼的安全，在设计时，要事先利用阿基米德原理，假定地基是“完全泡在水里的”，它所受到的总浮力，等于整个地基排开水的重力，也就是地基所受到的最大“扬压力”。为了补偿这个“扬压力”，地基必须加大、加重，你知道迪拜塔的地基有多深吗？为了应对浮力的危害，它的地基竟然占了整个大楼高度的 1/5，超过了 100 米！

13 布朗运动：那些小颗粒是“活”的吗？

人们一般认为，在宏观世界里，即使有些事物比较复杂，也还是有据可循的，而微观世界则是疯狂的、不可捉摸的。在宏观与微观两个世界的分水岭上，还有一个“灰色地带”，在这里既有微观世界的疯狂，又有宏观世界的规律，常会出现一些“四不像”的现象。这些现象在我们的周围比比皆是，它们表现在液体浮力、表面张力和毛细现象上，还表现在大气的流动与压强上，其中最著名，也最精彩的就是“布朗运动”了。

布朗

是活的吗？

最早发现布朗运动的是英国植物学家罗伯特·布朗。1827年的一天，布朗无意间把花粉洒到了水面上。他随意取出一滴带有花粉颗粒的水，放在显微镜下观察，这一看还真吓了他一跳。浮在水面上的花粉颗粒，竟然在不停地蠕动着，且运动的轨迹也是杂乱无章的，“布朗运动”由此得名。

此后，有不少人也看到了这个现象。其中有人认为，花粉颗粒是活的，而动来动去恰是它们“生命鲜活的表现”。好在布朗的头脑还算清醒，他又接连试看了不少粉尘和碳粉的颗粒，也都看到了类似的现象。为了确认小颗粒不是“活的”，他竟然跑到了埃及，从斯芬克斯狮身人面像的头顶上取来一些细微的尘埃观察。结果发现，待在那里足有数千年的尘埃颗粒，照样会做无规则的“骚动”。显然，这些尘埃颗粒不可能活上数千年，它们不可能是活的。

既然布朗粒子不是活的，它们为什么会动起来呢？非常幸运的是，发现布朗运动的时候，气体分子运动论也刚刚建成。无论是研究气体分子运动论的人，还是研究布朗运动的人，都不约而同地把这两个课题联系到了一起。

什么是布朗运动呢？**人们在多年以后总结出，这是小颗粒悬浮物（如花粉、烟尘，甚至病毒、大分子等）受到介质（如**

气体或液体的分子）随机碰撞，形成的一种无规则运动。扩大来说，不只是小颗粒悬浮物，一切轻小的物体受到周围介质分子的撞击，也都会不停地做无规则颤动。例如，灵敏电流计上用细丝悬挂的小镜受到周围空气分子的碰撞，也会发生无规则的扭摆或颤动。只不过这种运动非常细微，一般肉眼不可见，但经过光点投影可以显示出来，这些运动都属于“布朗运动”。

爱因斯坦与佩兰的开创性工作

很幸运，布朗运动引起了爱因斯坦的注意。1905 年，是爱因斯坦的“奇迹年”，在这一年里，他一连发表了 3 篇划时代论文，这 3 篇论文所讨论的内容分别是狭义相对论、光量子和布朗运动。应当说，这 3 篇论文都具有划时代的开创性，都给物理学研究带来了革命性的进展。然而，由于狭义相对论与光量子带给人们的震撼掩盖了布朗运动的这一篇，以至于在这篇论文中，爱因斯坦经过推导所得到的一个重要公式被忽略，这个公式就是布朗粒子的扩散公式。后续的研究证明，这个公式在非平衡统计物理学领域有着重要影响，堪称一个杰出的贡献。

爱因斯坦断定，悬浮在液体中的小颗粒所做的布朗运动是由液体分子的无规则热运动推动形成的。液体分子的运动是无规则的，布朗运动也是一种无规则的热运动，所以从本质上说，它与空气分子的热运动是一致的。爱因斯坦认为，既然在当时分子是不可见的，也有人质疑分子的真实性，为什么不利用布朗粒子来研究分子的运动规律呢？

爱因斯坦认为，如果能用统计学的方法，找到布朗粒子运动的特征，就可以找到液体或气体的小分子热运动规律，从而间接地从布朗粒子来证明分子的真实性。这种方法，实际上是利用宏观现象——布朗粒子的运动，来研究微观世界——分子的运动，由此获得微观世界的一些性质。爱因斯坦的这一天才构想，非常具有创新价值，他为“灰色地带”物理问题的研究开创了一个有效的路径，也为解开分子真实性的难题，找到了一条有效的出路。

为讨论布朗粒子的运动，必须事先做一些必要的简化。爱因斯坦为布朗粒子建立了一个理想模型，他做了如下几点假设。

（1）布朗粒子是球形的，彼此相同，不可分辨。这样一来，只讨论一个颗粒，就可以代表众多颗粒了。

（2）布朗粒子的每一段位移都是随机的，独立的，也就是上一段运动不影响下一段运动。因此，各段运动的时间长短、位移长短、方向等也都是随机的，无规则的。

（3）布朗粒子所处的溶液环境是均匀的、各向同性的，所以布朗粒子无论运动到哪里，周围环境都是不变的。

从爱因斯坦的假设中，不难看到“灰色地带”物理世界的特征。其中存在位移、时间等宏观特征，同时也有诸如全同性、随机性、独立性等微观粒子的特征。而这两种特点混杂在一起的情况，无论是在纯粹宏观世界，还是在纯粹微观世界中都是难以找到的。

有了如上的假设，爱因斯坦利用统计学的方法，观察颗粒的位移是如何随时间变化的。由此，他得到了一个关于颗粒位移的统计规律。令人没有想到的是，爱因斯坦从布朗运动的这一特例中，所得到的颗粒规律竟然具有如此广泛的意义，它不仅为分子的真实性做出了证明，为阿伏伽德罗常数的测定提供了简洁的方法，还开创了“灰色地带”物理问题的研究方法。当然，爱因斯坦所做的这些工作只是从理论上开了个头，具体的实验过程并不是由爱因斯坦，而是由法国物理学家佩兰完成的。

佩兰本是一位研究 X 射线的专家，在长期的实验中，他也关注到了悬浮颗粒的布朗运动。爱因斯坦的论文给他很大的启发，使他也有了同样的猜想，这些小颗粒的无规则运动应该与气体分子运动是相似的。为了证实他的想法，从 1908 年到 1913 年的 5 年间，佩兰完成了一系列布朗运动的实验。

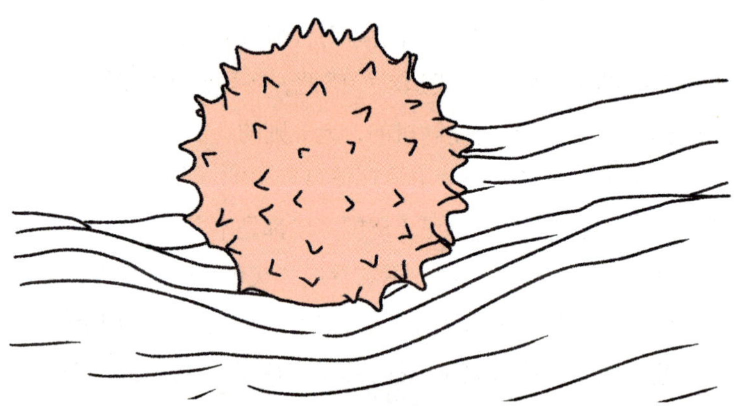

佩兰的实验思想与爱因斯坦如出一辙，既然气体分子不可见，不妨把可见的布朗粒子看作进行热运动的“大分子”。比起空气分子，它们只不过大了一些，但在随机运动上，它们也应该像空气分子一样遵守分子运动规律。

佩兰猜想，既然把悬浮在液体中的布朗粒子看作大分子，悬浮着布朗粒子的溶液就如同一种“微型大气”。如果这个猜想是正确的，只需要经过下面 3 个步骤，就可以使分子存在的真相大白了。第一步，找到布朗粒子的浓度（单位体积中的数目）随高度分布的公式；第二步，由于布朗粒子在液体中受到浮力，要根据这个浮力因素将浓度加以矫正；第三步，用经过矫正的布朗粒子的浓度随高度变化的公式，找出布朗粒子“微型大气”的特征，再用这个结果与气体的特征做比较，只要具有相同的特征，就能间接证明大气中分子的存在了。

总之，爱因斯坦与佩兰的最终目的，并不只是探索布朗运动本身，而是借助布朗运动探究气体或液体的分子，证实气体分子运动论，并证明分子的真实性。

想要实现这一想法，就必须找到一个关键量来表达气体的特征，佩兰选定的是阿伏伽德罗常数。**这个选择非常关键，因为阿伏伽德罗常数恰巧是联系宏观与微观的物理量，也是重要的化学量，更是确定气体分子组成的关键量。**这个量是由一些气体分子运动论的重要支持者获得的。

在这些支持者中，最引人注意的要数意大利化学家阿伏伽德罗。在当时，阿伏伽德罗致力于化学中的原子论研究。受到盖-吕萨克定律的启发，在 1811 年，他率先认识到气体是由分子小颗粒组成的，并提出了一个对近代科学有重要影响的假说。他猜想，在一定的温度和压强下，气体所含的分子数越多，体积也就越大。也就是，**在每单位体积的气体内，所包含的分子数是一定的，而这个分**

阿伏伽德罗

子数与气体的种类无关。在当时，气体是由分子小颗粒组成的观点还没有得到普遍承认，再加上那么多的前提，阿伏伽德罗的这个猜想一直没有被科学界所接受。

直到 1865 年，在阿伏伽德罗的设想提出 40 多年之后，事情才有了转机。奥地利化学家、物理学家洛施米特居然把这个常数测定了出来。不仅如此，他还估算出了气体分子的大小。在佩兰所处的年代，阿伏伽德罗常数值被定义为“每 2 克分子氢气内所含有的氢分子个数”。现如今，阿伏伽德罗常数被定义为“每摩尔气体含有的分子或原子个数”，其数值为 $6.022\ 140\ 76 \times 10^{23}$ 每摩。这是 2018 年 11 月 16 日，经国际计量大会决议通过的。

在上述研究的基础上，佩兰设想，既然悬浮着布朗粒子的液体就如同一种“微型大气”，那么通过“微型大气”的实验，也能测定出“阿伏伽德罗常数”。如果这个常数与气体的阿伏伽德罗常数相同，其结果一定能起到“一箭双雕”的作用，不仅能证实爱因斯坦的猜想，也能间接证明气体是由微小颗粒组成，分子的真实性也就得到了证明。

佩兰先后用两种方法进行实验。因为布朗粒子处在地球引力之中，所以在溶液中布朗粒子的浓度将随高度变化。为此，在第一个实验中，佩兰测定了布朗粒子的浓度随高度的变化，并由此来测定“微型大气”的阿伏伽德罗常数。

佩兰的想法很好，但真正的实验就不那么容易了。首先，要配制适当的微粒，尺度既不能太大，又不能太小。颗粒太大失去了运动的随机性，太小则难以观测。其次，溶液中的布朗粒子还要有适当的浓度。他选用树脂的酒精溶液，把它加入大量的水中，溶液中析出不同尺寸的树脂小球，然后用沉降法，把大小微粒分级，最后再分级提取溶液。这样的步骤要进行多次，直到所选的微粒大小均匀，约为 0.75 微米为止。刚好在这一时期，超级显微镜得到了发明，人们可以精确地测定微粒的大小和浓度，使得这一实验得以顺利完成。

接着，佩兰要测定悬浮液中布朗粒子的高度分布。他把悬浮液装在透明玻璃器皿中，用超级显微镜观察，待悬浮颗粒的沉降达到平衡后，再测定不同高度上的粒子数。计数是利用快速照相技术进行的。由此，佩兰获得了布朗粒子高度分布的经验公式，并顺利地得到了悬浮颗粒的阿伏伽德罗常数，其大小是 6.8×10^{23}，这个数值竟然非常接近气体分子的阿伏伽德罗常数的精确值（6.02×10^{23}）。由此，佩兰不仅证明了布朗粒子遵循无规则运动的分子运动性质；反过来，也从布朗粒子的性质，间接证明了分子运动论，以及分子的真实性。

能不能直接证明布朗粒子的热运动性质呢？为此，佩兰又进行了第二个实验。他先假设小颗粒为球形，利用显微镜和透明仪器，在充分稀释的液体中，利用水平投影观测小颗粒的运动。由此测出大量小颗粒的位移值，并求取小颗粒自由位移的统计平均值。通过这项测定，佩兰又获得了阿伏伽德罗常数。

佩兰先后利用不同溶液、不同布朗粒子，所得到的阿伏伽德罗常数，均在 $6.0 \times 10^{23} \sim 6.5 \times 10^{23}$。这些结果不仅稳定，还相当一致，都接近现代公认的数值 6.022×10^{23}。

值得一提的是，无论是爱因斯坦的“猜想”，还是佩兰等人的实验，都是人类第一次涉足物理世界“灰色地带”的尝试。在对布朗粒子的研究中，“猜想”之大胆，实验方法之巧妙，克服实验困难之艰难，都是非常了不起的。特别是在当时，既没有更好更快速的照相设备，也没有计算机，仅凭肉眼观察，数据的提取、记录、计算和公式的形成都是手工进行的。在如此简陋的条件下，竟然也能获得如此出色的结论。

经历了这一研究，人们最终相信了分子的真实存在。在这一重大科学难题获得圆满地解决的同时，也体现了科学目标、科学精神与科学方法的重要性，对基础科学和哲学都具有重大的意义。难怪人们赞誉他们为“最早称量出原子质量”的人。

从此以后，科学上关于原子和分子真实性的争论宣告终结。当年分子运动论的主要反对者奥斯特瓦尔德终于承认：“佩兰的实验十分圆满地证实了布朗运动和（分子）动力学假说的一致，哪怕是最挑剔的科学家，也不得不承认，这是物质由充满空间的原子所构成的一个实验证据。”1913 年，数学物理学家庞加莱更是总结性地说：“佩兰对原子数目的光辉测定是原子论的最终胜利。”

人们承认了分子的真实存在，也接受了分子的无规则运动，这是人类认识物理世界的一大进展。然而，事情到此并没有完结，关于布朗运动的研究继续扩大化，再一次的追问也开始了，分子为什么要做无规则的运动？这一运动是永不停歇的吗？

14 万物运动之源：如何解释宇宙的“余温”？

提起运动，我们发现，从星系、星球到日常万物，从花粉、烟尘等颗粒到分子、原子、电子、中子、质子等微观粒子，在自然界里，没有哪一个不是无时无刻运动着的。运动是宇宙普遍存在的现象，是大自然的基本属性。那么，天下万物的运动都是从哪里来的？

只有一个答案，那就是来源于“宇宙的创生”。也就是说，万物的运动都是从“胎里带来的”，宇宙创生时的大爆炸就是万物的运动之源。也可以说，万物的运动是137亿年前宇宙大爆炸残留至今的“余烬”，有热量、有温度、有运动。

这是在猜测吗？不是，这些特征已经有了观测上的证明。对于每个星系、每个星球、每个日常物件，甚至每个运动的分子，虽然有的温度较高，有的温度较低，但从整体上看，它们都是宇宙大爆炸的“余烬”。**宇宙的背景温度就是2.7开！**再者，从每个个体上看，在有限的时间段内，在有限的空间范围内，看似有些规律，但从宇宙的大视野上看，这些个体的运动都是杂乱无章的。因此，细究每个气体分子是如何动起来的，既无必要，也无可能，重要的是找到这些分子运动的整体特征和平均特征就够了。

从宇宙余温，再探布朗运动

从物理大视野中看，布朗运动属于“灰色地带”的物理现象，它既有宏观世界的物理属性，又有微观世界的物理属性。言下之意，布朗粒子的运动，就像分子运动一样，也是很自然的现象，更是自然界的属性。

有人认为，表面看起来，布朗粒子的运动是无规则的，但细究起来，还是有原因的，它是溶液分子推动的结果。如果站在每个布朗粒子上看，完全可以找到这个颗粒的运动规律。

1874—1880 年，也就是在布朗运动被发现的 50 年后，物理学家德尔索、卡彭内尔和提瑞昂等人先后尝试着给出一些解释。他们认为，从微观上看，气体或液体的分子运动非常激烈，虽然各个小分子的运动忽上忽下、忽左忽右，是不平衡的，但从宏观上看，这种不平衡被彼此抵消掉了，因为这种运动既不会造成气体或液体各处的温度不同，也不会引起气体或液体宏观流动。

然而，当观察的范围缩小，再缩小，小到布朗粒子这样的尺度时，微观上的不平衡就显露了出来。有人做了计算，仅在 1 秒内，布朗粒子受到液体分子的冲击就达到上百次，正是在这种不平衡的冲击下，布朗粒子运动了起来。这也正是为什么，当液体的温度升高，布朗粒子变小时，布朗运动也跟着激烈起来的原因。

这一说法持续了上百年，然而，凡事就怕人“刨根问底”。有些人对这一说法提出了质疑：即使是最小的颗粒，也比水分子重上几百万倍，显然几十个、几百个，甚至上万个水分子的同时冲撞，都难以撼动布朗粒子，要想使小颗粒动起来，需要同时碰撞的气体分子数是极为可观的。

一般而言，花粉的直径在 30 ~ 50 微米，最小可到 10 微米，而水分子的直径（虽然水分子不是球形，但可以其粗估它的尺度）是 10 纳米，这个尺度只有花粉颗粒的几万分之一。要想撼动花粉颗粒，需要上万个水分子的“齐心合力”，而随机运动的水分子能做到“齐心”吗？这样一来，布朗运动是气体分子的随机碰撞一说就真的难以成立了。究竟花粉颗粒的布朗运动是由什么引起的呢？是不是另有其因呢？

为此，有人专门对这一问题进行了研究。1973 年，日本横滨国立大学植物学教授岩波洋造等人，对漂浮在水中的花粉颗粒进行了显微摄影，他们声称，在显微镜下发现了事实的真相。原来，花粉颗粒的布朗运动，并非水分子随机冲撞的结果，而是由花粉上随机迸发出来的更小颗粒所引起的一种运动。他们的实验结果于 1975 年发表出来。然而，这一结果也令人生疑，难道其他布朗粒子，如碳颗粒、病毒都如此吗？

布朗运动——物理不变性研究

再继续追问布朗运动，一个更深刻，并带有全局性的大问题又接着出现了。原来，大爆炸的“余烬”不仅表现在万物的运动上，而且更深刻、更广泛地表现在万物的属性之上。也就是，在万物运动的“混乱性”和“随机性”之上，居然还驾驭着“不变性”。这样说可能太让人难以理解了，不妨从布朗运动的例子一看究竟。

布朗粒子的大小约为 10 微米，在这样的小尺度之下，布朗运动表现出了一种随机涨落现象。利用显微照相对布朗运动进一步研究，结果又有了惊人的发现，这就是在“混乱性”和“随机性”中，竟然还隐匿着“不变性”。

实验是这样进行的：盯住一颗布朗粒子，先是每隔 10 秒记录一下它的位置，把它的位置描绘下来，如图中的黑线所示，这是一个无规则的黑线图像。请你注意，这条黑色的折线并不是布朗粒子的轨迹，它只是每隔 10 秒布朗粒子位置变化的记录而已。

与此同时，如果还有另一架照相机，把它记录的时间缩短，例如每隔 0.1 秒记录一次，再把布朗粒子的位置画成图线。你就会发现，在原来的第一个 10 秒内，本来画出的直线，现在却显现成一组无规则运动的图线，这组图线的结构杂乱不堪，几乎与第一架相机拍摄的情况毫无差别，如图中的深红线所示。同样，这组深红色图线仍然不是粒子的轨迹。

如果与此同时，还有第三架照相机，每隔 0.01 秒拍摄一次，所得到的又是另一组浅红色无规则运动图线。就这样做下去，尽管每次所得到的图线形状不同，但它们的特征却是一样的。

无论是哪组图线，都同样是弯弯曲曲的无规则图线，也能同样得出相同的规律，即由它们测出相同的阿伏伽德罗常数，但它们同样也都不是真实的布朗粒子轨迹。

这个实验表明，在布朗运动中，孕育着一种“不变性”。这种不变性的神奇特质，着实引起了人们的好奇，这是自然界的普遍规律吗？果然，人们发现，在很多现象中都孕育着“不变性”，因为“不变性”意味着某种守恒，它最能引起人们的兴趣。

如今，布朗运动已经远远超出它原来的内涵，关于布朗运动的理论，在其他领域也有着重要应用，如对测量仪器的精度限度的研究，对高倍放大电讯电路中的背景噪声的研究，甚至有人把布朗运动的规律应用在金融领域，研究股票的起伏涨落。可以看到，无论什么事物的无规则性，其中总有不变性伴随其中。

最典型的不变性就是一种海螺的螺旋形状，这也是物理学家伯努利最感兴趣的现象。在研究海螺的螺旋线时，伯努利首先注意到了这种螺旋线的不变性。你无论把它截成多小，再把小块加以放大，在它们的结构里，都有同样的螺旋线。而且，如果把这种螺旋线画在图纸上，找到螺旋线的渐近线，就会发现螺旋线的渐近线也是螺旋线。后来，他又发现螺旋线各点切线的极点也构成了螺旋线。这一现象说明在一种螺旋线的结构中，居然蕴含着多种层次的不变结构，这一绝妙特点，使伯努利惊叹不已！

其实，在大自然中，你还能找到很多具有不变性的东西。在葵花籽籽粒的排布上，在弯弯曲曲的海岸线上，在形状起伏的山峦上，甚至在树木枝叶的分叉上，无论你粗看，还是截取一部分放大再看，都有不变性孕育其中。**这些特征用通俗的话说，就是“部分与整体的相似性”。**

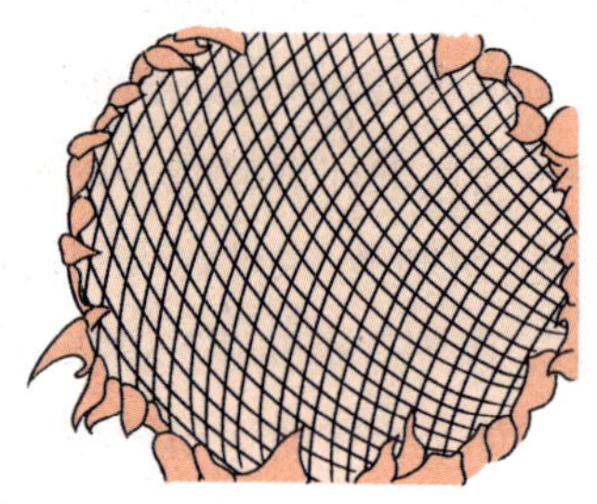

在布朗运动中所蕴藏着的不变性，又称作“对称性”，这种特殊的性质正是微观世界的一种重要表现。对这种性质，不仅单纯用宏观规律解释不了，而且单纯用微观规律也是解释不通的，这正是“灰色地带”物理世界的特征。因此，人们常把“布朗世界”看成微观与宏观世界的分水岭。布朗运动已经成为人类在“灰色地带”中，开创物理研究的第一个成功案例，这不是很神奇吗？

15 温度的测定：你知道什么是冷和热吗？

你可能觉得这问题太简单了，冷和热不就是人的一种感觉吗？你甚至还可能认为，人对冷和热有感觉是理所应当的。实际上，人们常常自以为了解的事，其实并不十分清楚，对冷和热的认识就是如此。

人对冷与热有感觉是件十分复杂的事，为了弄清这件事，美国的生物学家、神经生理学家朱利叶斯和帕塔普蒂安做了很多年的系统研究，终于发现了人感觉温度的受体，解答了人为什么会有冷和热的感觉，为此这二人获得了2021年诺贝尔生理学或医学奖。

虽然二人从神经生理学角度阐明了冷与热，但是从物理学的角度又该如何解释冷与热呢？例如，冷与热的物理本质究竟是什么？冷与热有没有极限？这样追索下来，冷与热就更不简单了。

首先，物理学不否认冷热能让人有感觉，但仅凭感觉还不能称其为科学。例如，把你的左右两只手分别放进冷、热两盆水中，过了一会儿，再把两手放进同一盆温水中。此时，你的左手会感觉水是热的，右手会感觉水是冷的。究竟是冷还是热？你就说不清了。这说明，仅凭感觉并不可靠，必须对冷热做个科学的研究。

温度的测量

既然判定冷和热不能仅凭感觉，就必须给它们一个测量上的标准。于是，测温学发展了起来。

说起来你可能不信，最早的测温计是由热衷于落体研究的伽利略发明的。

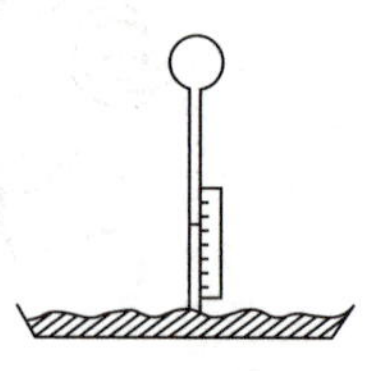

大约在1599年，伽利略制作了第一个测温计。这是一段带有玻璃泡的玻璃管。据说，这个玻璃泡竟然有鸡蛋大小。他先把玻璃泡加热，排出一定的空气以后，再把玻璃管灌满了水，把它倒扣在水槽里。这时，玻璃管里的水面就高出一段，高到一定程度，就保持不动了。

当天气变热时，玻璃泡的空气膨胀，水柱变低；反之，天气变冷时，水柱就会升高。于是，凭着水柱的高低，就可以观察气温的变化了。

伽利略的温度计看起来很简陋，但它的设计思想十分巧妙，这就是利用空气的热胀冷缩，以水柱的高低显示温度。这一思想已经融入了现代温度计的设计中，它开创了人类测温的先河。

伽利略

不过，伽利略温度计有点太简单了，因为试管水面的升降不完全取决于气体的温度，还受到气泡压力的影响。为了避开气体的压力，意大利的贵族托斯卡纳大公美第奇做了相应的改进。他在一根密封管内注入酒精代替水柱，随着温度的上升和下降，酒精的体积也跟着膨胀与收缩，于是酒精温度计就制成了。后来，人们用水银取代酒精，可以使温度计造得更加小巧，测温的范围也跟着加大。

测温学的发展，反过来推动了热力学的进步。温度计的这一改进，使法国科学家阿蒙顿首次猜测到，有可能存在着极低温度。他是如何有这种见识的呢？

冷有没有极限呢？

1703 年，阿蒙顿通过实验发现，把密封瓶中一定体积的空气的温度降低，瓶中的气压也会随之降低。他由此推断温度降得越低，气压也就会越小，一旦降低到气压为零时，它便无法再低。相应地，与之对应的温度也就无法再降。这是否意味着，冷是有极限的呢？根据他的推算，这个极限应该是 –240℃，但这仅仅是他的猜测。

现在我们已经知道，低温是有极限的，这就是绝对零度：–273.15℃。虽然阿蒙顿的极限温度与这个数值相差很多，但在那时，这个结果已经算是相当不错的了。要知道在阿蒙顿生活的 17 世纪，之后的 100 多年里，一些大科学家，如拉瓦锡、拉普拉斯和道尔顿等人，也曾推算过的最低温度，他们得到的结果可就五花八门了。这些数值一直徘徊在 –3000℃ ~ –1500℃，看起来更加离谱。

你可能很奇怪，人们是怎么知道自然界有最低温度的？又是怎么知道绝对零度就是 –273.15℃的呢？

说起来你们可能不信，找到最冷温度的都是你所熟知的人，他们就是雅克・查理和盖-吕萨克。

1787 年，查理在研究气体膨胀时，发现了一个有趣的现象。也就是，当气体质量和体积都不改变时，温度越高，压力越大；反之，温度降低，压力也越低。**气体的压力随着温度成正比变化，这就是著名的查理定律。**

既然有了这个正比关系，不妨把压强随温度变化的正比图线外推，找出压强为“零”时对应的温度，不就是极限温度吗？只可惜，查理没有走到这一步，也没有把他的查理定律发表出来。

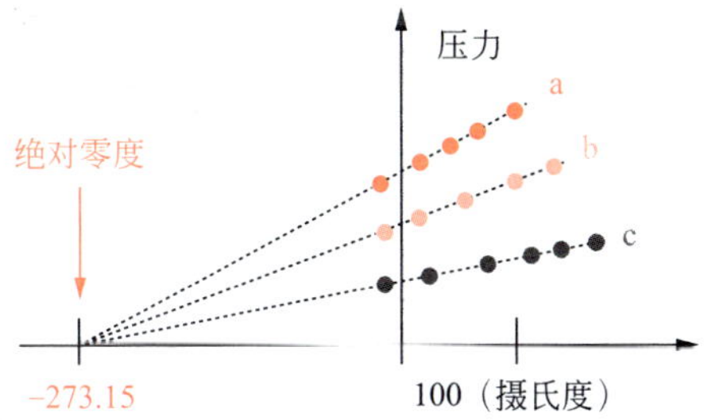

于是，这件事就轮到盖-吕萨克去做了。1802 年，在盖-吕萨克 24 岁的时候，他创建了著名的盖-吕萨克气体定律。这个定律是：保持气体的质量和体积不变，它的压力与温度成正比关系。

盖-吕萨克选择了不同的气体，分别完成了这一实验，同时得出不同的正比图线 a、b 和 c。**当把这些正比图线外推到压强为“零”时，居然得到了同一个最低的极限温度，这就是 -273.15℃。**让他惊异的是，这个值居然和气体的种类没有关系！

在查理和盖-吕萨克的实验中，既然这个最低温度可以在不同的气体中反复出现，就说明它确实具有一定的物理意义。那么，能不能利用人工的方法得到它呢？

人工制冷

从实验的角度说，制冷要比制热难多了。要想制热，似乎只要手里有足够多的燃料就可以了，而要想制冷却要多花一番功夫。

是谁率先挑起人工制冷这一难题的呢？这个人你也绝对听说过，他就是大名鼎鼎的法拉第。人们熟悉他，是因为他在电磁学上的贡献。实际上，他也琢磨过制冷。

法拉第

有一次出于好奇，法拉第利用水合氯醛制造出了液态氯，此时的温度为 –34.6℃。这个温度既是氯的液化温度，也是它的沸腾温度。法拉第想把这些液态氯装进一根密封的试管里，却没想到液态氯立刻爆炸了。伴随着爆炸声，有一股寒气突然冒了出来，原来氯的沸腾是一个吸热过程。

一个想法在法拉第的脑子里灵光一闪。如果先对液态氯加压，再突然泄压，那么利用氯的突然汽化，就可以通过吸热制冷。如果再度加压，让气态氯重新转化为液态，再突然减压，通过吸热进一步制冷。**如此反复，可以利用机械能反复做功，不就把“冷”制造出来了吗？**法拉第想，这一现象在未来一定有应用价值，便特意把它记录了下来。

果然，法拉第所发现的“绝热膨胀制冷”成为了人工“制冷”的诀窍。以后，所使用的制冷物质不只液态氯，还包括空气、二氧化碳、乙醚、甲烷、二氧化硫、氨及氟利昂等，压缩式制冷技术快速地发展了起来。

在世界范围的人工制冷技术角逐中，荷兰科学家昂内斯的低温实验室始终居于领先地位。为获得超低温，昂内斯带领他的团队整整忙活了近30年!

到了1908年7月10日这一天，昂内斯从早晨5点忙到了下午6点，连续工作了13小时，终于获得了4.2开的最低温，即–268.95℃。这时，在人类科学史上，氦第一次像水那样流动了起来。昂内斯激动极了，他兴奋地说:“我感觉像是在做梦，这简直就像神话般的幻觉！”

挑战极限意味着超难的艰辛与付出。此时，已经接近物质的深冷极限了，每下降0.1℃都是极其艰难的。又经过了整整两年努力，昂内斯最终获得了1.04开，即–272.11℃的超低温。为此，人们给他起了个绰号“绝对零度先生”。

当进入温度低于1开的超低温区，急速膨胀气体的制冷法也就走到了它的极限。要想在超低温下继续前行，必须另觅蹊径。果然，一种新的方法提了出来，这就是磁致冷法。

这是一种基于磁热效应的制冷技术。首先，让一种具有磁性的物质降温，例如把它放在液态氦中，先保持1开左右的低温。然后，利用磁场把这块磁体磁化，也就是让里面的磁化分了在磁场中变成有序排列。这一过程要消耗磁体的内能，温度会急剧降低，所释放出热被液氦所吸收。如果此时，立刻抽走液态氦，同时撤去磁场，那么已经变冷的磁体突然呈现去磁状态，磁分子再度变成无序状态，再度把它放入液氦中磁化降温，如此反复降温，就可以获得超低温了。

磁化降温法果然有效。1933年，美国物理学家焦克首先进军0.25开；1950年德克勒利用铬钒和铝钒的混合晶体绝热去磁法，获得1.4×10^{3}开的低温；1956年牛津大学的库尔蒂和西蒙

等人使温度下降到 2×10^{-5} 开；1979 年，芬兰赫尔辛基技术大学研究组获得了 3.3×10^{-8} 开的低温。1989 年，芬兰人哈科宁和中国人殷实合作，冲刺到了 2×10^{-9} 开。此时，这个最新低温纪录，距绝对零度只差 2×10^{-9}℃！即使极为接近了，但仍然没有到达理论最低温度的极限值！

为什么人们费了如此九牛二虎之力，还总是差上那么一点点，不能获得绝对零度，即 –273.15℃呢？

冷是有极限的

冷是有极限的，绝对零度，即 –273.15℃就是冷的极限。所谓极限就意味着，这个温度既不可能达到，也更不能逾越。绝对零度，意味着组成气体的所有分子运动都要静止，既没有平动，没有振动，也没有转动，一切速度均归于零！

能出现这种状况吗？可以不客气地告诉你，即使技术水平再高，也不可能实现，因为这违背了自然界的一条铁律，也就是海森堡的不确定性原理。

根据海森堡的不确定性原理，对于任何物理系统，时间和速度是一对不可能同时被精确确定的量。这也就是说，一旦确定了时间，速度就是不可确定的。这一原理意味极深，大至星球、星系，小至微观粒子，都不可能存在绝对静止的状态。让粒子停止热运动，就会与这条铁律相悖。**这意味着温度的绝对零度只能无限趋近，但不可能达到。**说白了就是，只能有更冷，但不可能有最冷！否则就是与量子力学的基本原理相悖。

既然没有最冷，有没有最热呢？你可能以为，热应该是无限的，只要燃料足够多、足够好（比如用上核燃料），只要有充分的时间去烧，就可以让温度无限变高。真是这样的吗？

热也有极限

从理论上，最低温度与平常环境中的温度也就差上两三百度，但是热可就不一样了，热的温度可以高达几万、几十万，甚至几十亿摄氏度以上。2012 年，人类实验取得的最高温度达到 5 万亿摄氏度。这是由欧洲核子研究中心利用大型强子对撞机，在重离子对撞实验中获得的，也是迄今为止，人类所测量到的最高温度。

如果到宇宙中去寻找，还有更高的温度。例如，在恒星坍塌时，在其内核可以达到 10 万亿摄氏度。在星系间大碰撞或黑洞的大撞击中，还可以达到更高温。从理论上推算，在宇宙大爆炸的那一刻，温度可以达到 1 亿亿亿亿摄氏度！

然而，温度再高，热仍然是有上限的。根据分子运动论，可以肯定地回答你，无限之热是不可能的！

这是因为光速是有限的。根据爱因斯坦的相对论，一切物质的运动速度都有上限，这个极限就是光速，即使是小小的分子也必须如此！

根据这一推测，当温度达到 1.42 亿亿亿亿摄氏度的时候，物质内部所有分子运动就都达到光速了，这时对应的温度就是绝对热度，又叫普朗克热度。

当温度达到这一程度时，任何物质都无法存在。不要说分子原子、质子、中子和电子，就连夸克都无法存身。到此时，连物质都失去了意义，还言及什么温度呢？

宇宙有温度吗?

前面的讨论让我们懂得了，无论什么样的物体，之所以有温度，是因为它们是由大量分子或原子组成的，温度的高低是这些分子或原子无规则运动的整体表现。既然是这样，有人突发奇想，能不能把有关的理论加以扩大，以致扩大到宇宙的范畴上来呢?

这不完全是瞎想，例如与一般的气体相比，宇宙也有着某种相似性。在气体中，尽管每个小分子如何运动有着自己的原则，但无数多的分子处在一起，却是随机的、杂乱无章的。

宇宙何尝不是这样的呢?星系、星球、日常万物，乃至分子、原子等，它们单独看来，有各自的运动规律，但整体看来，不也是随机的、杂乱无章的吗?这么说来，如果说气体有冷热，有温度，那么宇宙这个大家伙是不是也应该有冷热，有温度呢?

有人对这样的说法表示怀疑，认为这话说得太大了，宇宙的冷热表现在什么地方呢?该用多大的温度计去测量它呢?该怎么量，到哪里去量呢?如果不去测量，又怎么知道这个说法是否靠谱呢?

其实，早在 70 多年前，美国宇宙学家伽莫夫、阿尔弗和赫尔曼等人就给出了关于宇宙温度的重要线索，只是很少有人注意到它罢了。

1948 年，伽莫夫和阿尔弗根据宇宙大爆炸理论，顺便提出了一个重要的预言。他们认为宇宙在大爆炸后，经过膨胀冷却，还应该有一个“余温”残留下来。**经他们的理论估算，到如今，宇宙残留的余温为 5 ~ 10 开，即 –268 ~ –263℃。**这一预言给人们以重要的启示，如果设法搜寻出宇宙的这个余温来，它将是对宇宙大爆炸学说的有力证明。

如此重要的线索，本应该受到天文学界的普遍重视，可惜的是，当时的天文学界太重视对星球的观测，却忽视了整体上的理论研究。况且，即便有人注意到了这个预言，也因为无处下手而退缩，以致对这一重要的线索长时间无人问津。就这样，十几年一晃就过去了，伽莫夫等人的预言渐渐地被人们淡忘。

在科学发展史上，常常有“无心插柳”“误打误撞”而一举成功的事，宇宙余温的发现就是典型的一例。

20 世纪 60 年代初，美国贝尔实验室的物理学家彭齐亚斯和威尔逊受命执行一项任务，这就是利用射电波跟踪一颗卫星。为此，他们建成了一套高灵敏度的天线系统。

在测量中，他们发现了一个非常奇怪的现象，这就是在波长 7.35 厘米的波段上，总有一种微波混杂在有用的信号里，成为一股噪声。

对于彭齐亚斯和威尔逊来说，这个噪声并不是他们探测的对象。难能可贵的是，他们没有因此把它忽略过去，而是认真地做了相关的研究。

彭齐亚斯

他们发现，这个噪声不仅无法被驱除掉，而且还异常稳定。无论白天还是黑夜，无论把天线调到什么方向，它都不受影响。

如果它是一种微波辐射，必定有

辐射来源。噪声的稳定性和方向上的均匀性表明，它的辐射源头应该来自全宇宙。这个噪声该是个什么“鬼玩意儿”？它是从哪里来的？它又意味着什么呢？

研究发现，这个“鬼玩意儿”相当于一种热辐射，根据对波长与频率的计算，它所对应的热辐射温度该是 3.5 开（如今测量为 2.725 开），变化幅度在 ±0.003 开之内。

这可太有意思了，它意味着，宇宙竟然是一个具有稳定温度的“大家伙”。彭齐亚斯与威尔逊居然在无意间测量出了宇宙的温度，还为宇宙大爆炸理论提供了有力的证据！他们的这一发现，与类星体、脉冲星和星际有机分子的发现一起，成为 20 世纪 60 年代天文学的“四大发现”之一。为此彭齐亚斯与威尔逊共同获得了 1978 年的诺贝尔物理学奖。

16 能量：为什么能量能统一描述宇宙万物的运动？

大至星辰，小至分子、原子和基本粒子，宇宙万物都处在不停的运动之中。“运动”是宇宙大爆炸留给万物的“遗产”。如果将万物的各种属性按照主次一一简略下去，最后剩下的，也是唯一的、最重要的属性，就是“运动”。

物理学的最终目标，就是找到宇宙万物运动的统一规律。既然要对万物的运动有一个统一的认识，找出其中的统一规律，那么首先就要确定出用于描述万物运动的物理量来。这个统一的物理量是什么呢？

宇宙万物的物质形式、状态多种多样，运动形式也多种多样。**然而，无论是什么形式、什么状态或什么运动，它们都有一个统一的特点，这就是能对外做功。**抓住了这个统一的特点，就可以对运动做出统一的描述。这个用于统一描述的量就是“做功本领的大小”。由此，描述万物运动的量——“能量”这一概念就浮出水面了，能量就是“做功本领”的量度。

无论哪一种物质、哪一种状态和哪一种运动形式，都有相应的能量。例如，处于机械运动状态的物体，可以具有动能、势能、声能、风能和潮汐能。除此以外，微观粒子的运动和变化，对应的能量也很多。例如，对应带电粒子运动的是电能和磁能，对应分子运动的是热能，对应原子运动的是化学能，对应光子运动的是光能，对应核子变化的是核能，等等。正是因为能量涵盖了各种物质状态、各种运动形式，所以它成为了物理学最重要的基本概念之一。

从经典力学到电磁学、热学和光学，从原子物理、粒子物理到量子力学，从天体物理学、相对论到宇宙学，能量成为了物理学科的核心概念。不仅如此，就是在化学、生物学、医学乃至其他科学领域，能量也是重要的概念。例如，在人的生命活动中，衡量食物和营养的摄取，计算新陈代谢、人体活动、肌肉收缩、腺体分泌等的消耗时，都需将其统一到对能量的计算上。

能量不仅可以储存在实体物质中，还可以通过“场”的形式储存起来。例如，引力场、电场和磁场都有相应的能量储存。除了储存，能量还可以随着物质形态和运动的变化进行转移和转化。

在能量的储存、转移和转化中，人们熟悉的是能量的转化与守恒定律，但对于这两点，有几个问题值得重点探讨一下。

能量的转移和转化具有方向性

首先值得注意的是，能量一旦发生了转移或转化，就不可能再自动地转移或转化回来。例如，太阳向外辐射的光能和热能不可能被再度收回；一旦将热能从高温物体转移到低温物体，就不可能再把热能自动退还回来；摩擦生热是动能转化为热能的过程，这些热能就不可能自动地转化为动能；飓风袭来，风能拔树倒屋，被破坏的环境不可能自动复原，不可能再转化回狂风过境而去；燃烧的木柴化成光、热和气体，这些生成物不可能再聚成木柴。除非将能量转化过程拍成电影再倒放回去，否则这样的事不可能发生。

为什么能量的转移和转化具有方向性呢？这是由热力学定律所规定的，能量的转化和转移不仅要遵守能量守恒定律，即热力学第一定律，还要遵守热力学第二定律——熵增原理。以上所有的能量转移和转化过程，都是沿着“熵增”方向进行的。

从能量转移的方向性来看，我们可以得到什么启示呢？**启示一，地球生命得以存活，就是依赖能量转移的方向性。**太阳以光能和热能供养地球，地球上的植物通过阳光进行光合作用实现生长，动物通过植物间接摄取太阳的能量，而肉食动物则通过其他动物，更间接地摄取太阳的能量。追根溯源，地球上的所有生命，几乎都是依靠太阳的能量在地球上生活！

失去了太阳的光和热，对地球生命会造成什么影响呢？在650万年前，一颗小行星撞击地球，造成的烟尘封锁了阳光，导致了全球恐龙的大灭绝。试想，假如太阳能的转移失去了方向性，太阳随时都能把能量收回，地球生命还能长期存活吗？

启示二，从热力学第二定律来看，能量的转移和转化之所以具有方向性，其根本原因在于“熵增原理”。例如，作为能源物资的石油和煤炭，在燃烧前是有序性的物质，燃烧使它们失去了物质的有序性，变成杂乱的碳粉，生成气体，释放能量，这个过程就是“熵增”过程，不可能自动复原。**如若让“反熵增”过程进行，例如让热量从冰箱的低温区排放到外面的高温区，就必须消耗电能。**人类生活所需的大部分的能量过程都是“反熵增”的。例如，吃需要制作食物，住要盖房子，穿要制作衣服，行要造自行车、飞机、汽车和轮船等交通工具。在这些“反熵增”过程中，能量的转移是逆向的，必须消耗大量的能源，所以要维持人类的持续生存，保护环境、提倡极简生活方式、节约能量是很重要的。

启示三，能量转移的方向性也表现在做功的效率上。直接利用动能或电能做功的机械，如夯土机、电动机等，其能量转化为有用功的效率很高，能达到90%以上。只有极小一部分因为摩擦以热能的形式被消耗掉了。然而利用热能转化为动能做功的机械，例如蒸汽机、内燃机等，它们做功的效率，一般仅能达到

30%。不但效率低，而且有时热能还难以直接转化为做功的能量，需要两个步骤，先把热能转化为电能或动能再进行工作。

之所以出现这种状况，其原因在于热能是一种无序的能量，它的无序性最受大自然的青睐。一个封闭的系统，如果没有任何渠道可以与外界交流，那么这个系统中的一切能量最终都将转化为热能，而热能也将从高能处转移到低能处。最后，热能将经过传递达到平衡，其结果就是这个系统因进入热平衡而达到“死寂”，这就是能量转移和转化的方向性所致。

物质可以转化为能量，能量能转化为物质吗?

爱因斯坦的“质能关系”告诉我们，物质可以转化为能量。在任何能量转化的过程中，都伴有质量与能量的转化。一般情况下，人们常关注质量如何转化为能量，但是能量能转化为物质吗?

在能量转化为物质的问题上，宇宙给出了一个大大的案例，这就是它的创生。根据大爆炸理论，在宇宙诞生的那一刻，爆发出一股巨大的能量。这股能量爆发的机制是什么?能量具有哪些性质?没有人知道，也没有人能回答，但可以就现有的理论进行猜测。

猜测的结果是这样的：在宇宙大爆发后的 10^{-43} 秒内，这股巨大的能量即刻转化为巨大的质量。这个转化过程是因何而起的，并没有人知道，**但通过猜测得知，经过这一极短的时间，即“普朗克时间”(10^{-43} 秒)，能量完成了向物质的转化。**

这次转化所产生的物质密度极高，在每立方厘米内超过

10^{91} 千克。这些质量逐渐转化为不同形式的物质，并四散开来。经历了 138 亿年的演化，成为了现今的宇宙。因此，宇宙的形成就是能量转化为物质的最好案例。

有没有物质转化为能量的案例呢？对此，你可能首先想到的是原子弹和太阳。但你知道吗？其实，质量转化为能量的情况经常发生，只是由于压力不够、温度不高，导致潜在物质中的能量不容易爆发出来而已。下面就说说这方面的情况。

400 万吨阳光

你一定很奇怪，“400 万吨阳光”是什么意思呢？其实它的意思很简单，就是每秒钟太阳以消耗 400 万吨的质量为代价，在不断地向外辐射能量。这些能量包括可见光、不可见的所有波长的光和热能。400 万吨的质量换来的辐射总能量该有多大呢？仅在 1 秒钟内，太阳辐射出的能量就高达 3.86×10^{26} 焦耳，而地球生命所需要的能量，仅是其中极小的一部分，绝大部分的能量都散失到了太空里。

没有物质的“运动”就没有能量的出现。那太阳能是从何而来的呢？它来自原子核内部的核子运动。确切地说是“核聚变”反应，也就是两个原子聚拢到了一起。**当接近到一定程度的时候，它们变成为一个原子，就有一份能量爆发了出来，这就是核聚变的过程。**

太阳内部的核聚变发生时，两个氢核，即两个质子会合成一个氦核。你可能感到奇怪，按说两个质子都带有正电，它们之间相互排斥，靠得越近，排斥力也就越大，是什么机制能让它们结合在一起呢？

原来，在太阳核心的深处，由于受到引力的压缩，温度和压力都异常的高，那里的密度要比铅的密度还要高出十多倍，这样强大的压力足以把两个质子挤压在一起。当它们的距离近到一定程度时，就会出现另一种只有在超近距离才会显现出来的作用力，这就是“强力”。在强力作用下，质子变成了中子，形成了氘核，又叫重氢。两个重氢又结合成了氦的一种同位素，叫作氦 –3，然后两个氦 –3 再度结合成氦的另一种同位素氦 –4，这就是太阳的核聚变过程。

然而，为什么太阳的核聚变能释放出能量来呢？在你细数一下太阳发生反应前后的总质量后就会发现，它们并不相等，反应前的总质量大于反应后的质量，这部分损失的质量则转化为能量辐射了出来。

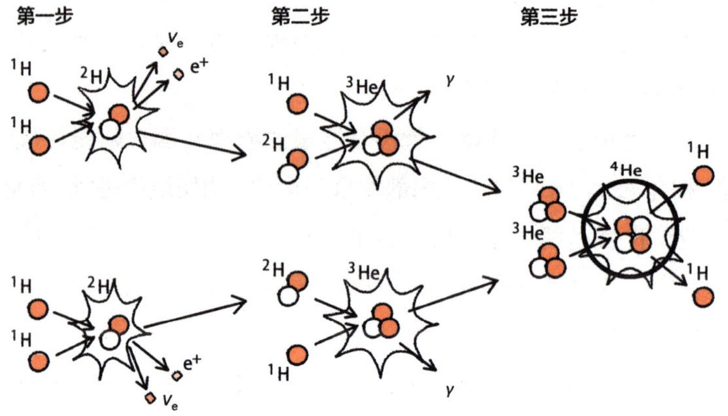

太阳在每一秒都要把 6.2 亿吨氢，聚变为 6.16 亿吨的氦 –4，反应前后，恰好损失了 400 万吨的质量。这样看来，太阳是以每秒消失巨大质量为代价，向外辐射能量，所谓“400 万吨阳光”的说法，就是这么来的。

听起来，这 400 万吨的质量数值很大，其实与所有参加反应的总质量相比，这个数值只是其中极小的一部分，真正用于释放能量的有效质量只占参与核反应总质量的 0.7%！所以说，如果把太阳当成一个“发出光和热”的机器，这台机器的效率其实很低。只是因为这台机器的体积很大，所以发出的光和热才显得很多。

太阳核聚变反应的效率如此之低，并不是一件坏事，因为对于地球生命来说，它使地球所接受的热量不多也不少。此外，如果太阳效率太高，那很快就会把太阳的能量消耗殆尽，这也是太阳系的一个危机。

然而，太阳的总能量总有消耗完的那一天。根据估算，按照太阳当前消耗核燃料的速率，等到其自身能量被消耗殆尽，氢聚变反应终止之时，大约还有50亿年。太阳是从50亿年前形成的，所以不要担忧，它现在正值中年。

尽管是50亿年以后的事，估计你也会好奇，当太阳终止核反应时，会有什么事情发生呢？核聚变反应停止时，太阳就像炉子里的火渐渐熄灭那样，它的核心就会失去支撑，在引力作用下，剩余质量会向着中心塌陷。由于迅速收缩，炉火的温度会再次升高，核聚变再度发生。这时，太阳会被逐渐增强的向外推力左右，膨胀成一颗又红又大的星体。这颗星大得不得了，它的边缘可以扩展到地球。于是，太阳就会狮子口大开，把周围的行星，包括地球在内，一举吞噬掉。

日常生活中的质能转化

实际上，质量转化为能量的事不光在太阳中发生，在我们的生活中也很常见。从烧柴取暖做饭，到用煤炭、石油发电，这样的物质转化为能量的例子每天都会发生。你可能以为，燃烧前后的物质是守恒的，但既然物质是守恒的，那到底是哪些质量转化为能量了呢？

就以燃烧木头为例，1千克的木柴燃烧之后，剩下了80克的灰，其余的东西变成了水汽和二氧化碳气弥散在空中。如果在燃烧前后，把所有参与燃烧和所生成的物质分别加起来，就会发现，燃烧前后的总质量并不完全相同。反应后的总物质质量之和会比反应前略微小一些，少了3×10^{-10}克。这是一个非常小的量，但你千万不要小看它，正是这一小份质量转化成为燃烧的光能和热能。

物质的质量中蕴含着巨大的能量，要想把这部分能量提取出来，要事先投入高能才行。因此，在普通的能量转化中，物质释放的能量是微乎其微的，根本不足道。例如，一块从 1 米高处落下的石头所释放的重力势能，全部转换为质量，那么这块石头只能增加它本身质量的一亿分之一而已。在一般的化学反应中，反应前后总质量的变化也不很大。例如，在氢和氧结合生成水的反应中，每生成大约 1 千克水，质量的亏损也只有 1.5×10^{-10} 千克而已，这部分质量的损失并不会引人注意。

尽管在日常生活中，能量转化时，相关质量的改变并不引人注意，但在特殊反应中，例如核弹爆炸，或正反物质的相互作用中，这部分质量就不能不引起重视了。因此，严格地说，能量守恒定律应该用质能守恒定律所代替。在质能转化中，一个值得注意的问题是能量转化或能量做功的效率。

即使物体拥有了能量，在任何情况下，它也不可能把全部能量拿出来做功。因此，一般来说，物体能量转化的效率并不高。

按照爱因斯坦的质能方程，1 克物质拥有的能量是 9×10^{13} 焦耳，与这个物质是什么并没有关系。也就是说，1 克黄金和 1 克烂白菜都同样拥有如此多的能量。如果你有办法把这份能量取出来，1 克烂白菜的能量，就相当于 1.5 颗广岛原子弹爆炸的威力，相当于 2500 万度电的能量。但是，要想把全部质量转化为能量是极其困难的。这就是为什么在前面所举的例子里，无论是使用物理还是化学手段，在反应中能量转化所涉及的质量变化都极小的原因。以烧煤的火力发电为例，其质量转化为电能的效率是多大呢？假设每度电的煤耗是 320 克，这样算下来，在消耗 1 吨煤时，只有 1/8 克，也就是只有 0.000125 千克的煤全部转化为电能，其效率是 0.0000125%。哪怕是如此低的效率，也已经是很大的提升了。

然而利用核能发电情况就不同了。如果是核裂变发电，其质能转化率是 0.13%；如果利用核聚变，其质能转化率是 0.7%。可见，核裂变发电的效率比火力发电提升了 10400 倍，而核聚变发电的效率又是核裂变的近 5 倍。在能量的转化中，有一个不可回避的问题是，无论是煤炭还是石油，都是经过亿万年储存的地球能源，它们的数量不会再增加，开采多少，就会减少多少。以如此低的效率来消耗它们，资源枯竭已成为必然趋势，能源问题已经成为了人类迫在眉睫的、必须解决的问题。

能量有正负吗？

没有，能量是标量，没有正负之分。有人给能量赋予感情色彩，用正负能量形容人或事，这是不恰当的。在一个社会中，人和事都是多样性的，不同的人和事彼此相辅相成，有幸福就有痛苦，有快乐就有悲伤，有积极就有消极，有成功就有失败，各种情况同时存在才是正常现象。对于人和事，一律以正、负能量冠之，并以此区分好坏，不仅过于粗鄙和简单，也损伤了社会多样性。社会多样性很重要，只有保持多样性，才能有正常的社会生态环境，才能有丰富的文明和深厚的文化。

就物理学来说，倒是有一种相似的说法，但这种说法并不特指能量，而是用来形容微观粒子的一种状态。严格地说，它不光指能量，还包括状态，因此称为“负能态”。

“负能态”的说法是从哪里来的呢？量子力学的伟大创始人保罗·狄拉克看出了薛定谔波动方程的局限性。1828 年，他创建了囊括相对论的量子力学方程，这就是狄拉克方程。像牛顿第二定律描述宏观物体运动规律那样，狄拉克方程是描述电子状态的方程。在对这个方程求解时，狄拉克惊奇地发现，方程居然有两个解，其中一个解标示着电子具有“正能态”，而在另一个解中，电子的能态竟然是负的，“负能态”由此产生。

根据狄拉克的解释，真空并非什么都没有，而是充满了微观粒子，这些粒子与外部世界的实物粒子有所不同，它们既看不见，也不能被仪器观测到，故而称为“虚粒子”。真空中的虚粒子，例如虚电子，即具有负能态。当给真空注入足够的能量之后，虚电子吸收了足够的能量，就有可能从真空中逃逸出来，一对正负电子由此产生。狄拉克的真空理论让我们对物质和能量有了更新的认识，这就是物质可以从真空中产生，能量可以转化为物质。

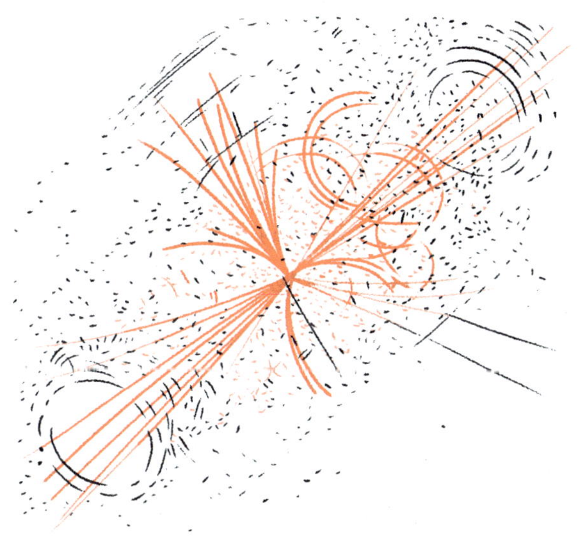

利用狄拉克的理论，还可以解释宇宙的诞生。大爆炸的能量使原本“空无所有”的太空，产生了正反物质，这就是正负粒子。正负粒子原本应该成对，它们的数量应该是一样的，但有可能出现小概率的意外。例如在一百亿对粒子之外，多出一个粒子。当正负粒子成对湮灭后，不仅产生了大量的热，还剩下了一些正粒子。从整个宇宙看，这些正粒子有很多。它们所产生的大量的热，随着宇宙的膨胀向外发散出去，进而形成了“宇宙的背景辐射”，而所剩余的正粒子就形成了我们现今的物质世界。

从上述关于能量和物质的解释中可以看出，宇宙简直是个偶然性的产物，它不仅是从“空无所有”里偶然“捞”出来的，还竟然是“捞”出来的东西里，偶尔剩余的“残渣”，而这些“残渣”是正物质，也是个偶然事件。这些结论很是惊人吧！

大自然是又“抠门”又“慵懒”的

说大自然是“抠门”和“慵懒”的，你可能不信，难道宇宙万物有“意识”吗？显然没有。但如果将其拟人化，以“抠门”和“慵懒”形容大自然并不为过。先从一个有趣的例子说起，虽然似乎离题较远，但它生动地体现了大自然是如何从能量角度“造化万物”的。

人有双腿，而像牛或马这样的大动物有 4 条腿，昆虫有 6 条腿，蜘蛛有 8 条腿，蜈蚣的腿有 20 对。无论大小动物腿的数目多么不同，它们都是对称生长的。为什么腿要对称呢？是为了“美”吗？可能你有所不知，在腿对称的背后，有着更深层次的原因，这就是“节约能量”和“受力的平衡”。受力平衡当然会更舒服些，这也是一种“慵懒”吧。而这样安排，也都是大自然选择的结果。

问题还不止这些，你注意过动物的行走吗？以马来举例，马是体态、身姿都十分漂亮的动物，之所以如此，是因为在马的步态中，它的四蹄和身姿总能保持一定的对称规律。

马的步态曾引起不少人的兴趣。经研究发现，马有 7 种常见的步态：快步跑、侧对步、跳跃、行走、旋转跑、横向跑和慢跑。无论什么样的步态，都有一定程度的对称性。例如，马在跳跃时，两条前腿一起动，随后两条后腿再一起动，无论从哪一侧看，它的步态都是一样的，这就叫保持“两侧对称性”。当马快跑时，它对侧的腿，如左前和右后腿同时离地，同时着地；然后另一对侧的腿再同时离地，同时着地。在这中间，有那么短短的一瞬四蹄同时着地，这就叫保持四足的“对角对称性”。在慢走时，马是左前、右后、右前、左后四腿依次着地，这就叫四足的“依次对称性”。总之，无论马以什么样的步态行进，都保持着对称，且顺序不乱。

由马扩展到所有四足哺乳动物，都能找到与马相似的步态特征。这一现象，引起了人们的思考。显然，动物的步态不是经过“思考”而成的，而是它们的本能。这说明这些特征绝非偶然，而是一种长期进化的结果。在它们的步态背后，有什么更深刻的道理吗？

“对称性”向来是所有学科感兴趣的特征，马的步态也引起了数学家和物理学家们的关注。好事者提取了马的步态特征，创建了一匹“标准马”的物理模型。这是一匹“虚拟马”，它由一组大数据组成，其中包括了如下因素：马全身的质量分布、四腿的位置、四蹄发力的大小、发力的方向、步伐跨度、行走的速度和加速度等。把这些要素用一堆数字表示出来，形成一匹“数字马”。然后利用这匹“数字马”模拟马的各种步态，来解读这些步态的机制，以及它们的深层原因。

研究结果让人们大开眼界，原来马步态的优美，蕴含着一个深刻的道理：只有是这样的步态，才能使马保持全身体位最平衡、最省力，四蹄受力最匀称、最舒服，消耗能量也最少。

当然，马并不知道什么是能量原理，也不是经过了计算才迈步的，但它们总能做得很自然，也很顺畅。这就是一种本能，是大自然按照它的癖好，依照“适者生存”的法则所赋予马的特征。

读到这里，你有没有想过人类的行走和奔跑的步态呢？在人类行走、跑步时，双脚、双腿、双臂以及腰、跨、肩的配合，是否也暗存着大自然的癖好呢？是否也有平衡、舒适、省力和节能等深刻的道理呢？

上面，仅仅是涉及“步态”的小例子，放眼宇宙，你还可以找到不少相关的例子。**如果把大自然“抠门”和“慵懒”的特征升华，这就是“最小能量原理”。**大自然一切自发的过程，都是遵循着“最小能量原理”进行的。说到这里，我们是否也应该反思，在调侃大自然“抠门”和“慵懒”的同时，人类是否也在一味追求“舒适”和“高速”中，暴殄天物呢?

17 熵：宇宙变化有方向吗？

随着物理学的发展，牛顿经典力学逐渐暴露出它的不足，这个局限性就表现在物理过程的方向性上。在牛顿的眼里，任何物理过程都可以向反方向进行，它们在时间上都是没有方向性的。也就是说，时间是可以“反演”的。既然在同一个规律之下，正反两个方向没有任何区别，那么再分“正向”和“反向”也就没有意义了。难道我们的物理世界真的没有方向性吗？

物理世界的方向性

从桌上跌落的茶杯，掉到地上被摔得粉碎，这是常见的事，但你见到过在地上散落的碎片，突然一跃而起聚成茶杯，再跳回到桌上吗？一杯滚烫的水，热量逐渐向四周散去，水由热变凉，但你见到过，一杯放凉的水，能把周围的热吸收回来，再由凉变热，最后变得滚烫吗？

这些例子在生活中还可以举出很多，每一个例子的前一种情况都是由原来的“有秩序”走向“混乱”。这样的过程发生的概率极大，人们经常可以见到，而后一种情况则是由“混乱”走向“有秩序”。你没有见过，也不能说绝对没有，只能说它们

发生的概率极小，你还没有遇到过而已。

能不能用一个物理规律把这个方向性表述出来呢？可想而知，这是件很不容易的事。然而，这件事真的有人做到了，他就是德国物理学家克劳修斯。

熵增原理

克劳修斯是热力学的主要奠基人，他首先以热现象作为突破口，发现了热力学与牛顿力学之间的矛盾。1850 年，在一篇论文中，他提出了一条基本定律：“如果不附带任何其他的变化，热量不可能从低温转移到高温。”若你觉得这个定律很绕口，请想一想电冰箱。冰箱里的温度可能已经到了零下十几摄氏度，但它还能持续不断地向外释放热量。然而，这是有条件的。如果不给冰箱通电，不让制冷机工作起来，那么热量就不可能从冰箱里转移出来。克劳修斯所说的“附带其他的变化”就是给制冷机通电，制冷机在制冷时要消耗的电能。

克劳修斯提出的热力学第二定律还可以这样表达：如果没有其他过程伴随，一个“自发的”散热，不可能从低温向高温进行。这个定律说的是一个热学散热过程的方向性。对这种表述，我们可以提出两个质疑：第一，难道物理世界的方向性仅只是一个经验之谈吗？第二，难道物理世界的方向性仅只表现在散热上吗？

根据爱因斯坦提出来的标准，一个成功的物理规律不应该只是一个经验之谈，还应该有其可定量的物理概念，有其方程式的表达，以及可验证的实验途径。显然，在发展热力学第二定律的基础上，还应该找到一个物理量，用它作为一个普适性的判据，来判断一个自发的物理过程应该按照什么样的方向发展。然后再以它为基础，建立一个表述热力学第二定律的方程式。

就热力学第二定律来说，要描述物理世界的方向性，首先应该确定一个能描述一个系统“混乱度”的物理量。显然，这是一件十分困难的事。困难之一在于系统的“混乱度”十分抽象，它不像力、质量、电量那样直观；困难之二在于涉及“混乱度”的因素很多，它不像动量、能量那样涉及的因素不多，该用一个什么量来表达呢？这件事让人伤透了脑筋。

然而，克劳修斯找到了这个物理量。1854年，在他发表的《力学热理论第二定律的另一种形式》一文中，他借助一个热循环过程，建立了一个热力学第二定律的数学表示形式。在这个表示式中，他引入了一个表述系统状态的参量，这个参量后来被定名为“熵”。

在这里，我们先略过相关的数学过程，只需知道两件事。其一，“熵”是描述一个系统状态的参量，这个参量不是温度，不是能量，而是一个表达系统混乱程度的物理量。其二，用这个叫作“熵”的参量可以重新表述热力学第二定律：“在任何一个孤立的系统内，系统的熵永远不会减小；或者说，自然界中的任何自发过程，总是朝着熵增加的方向发展。”这就是“熵增加原理”，简称“熵增原理”。

“熵增原理”出自一个特殊的热循环过程，但它却成为了物理学中最牛的规律，而“熵”也成为最难理解的物理量。之所以说“熵增原理”很重要，是因为它几乎无处不在、无所不管。“熵”几乎隐藏在一切事物之中，然而你又很难确定它在哪里。

克劳修斯提出“熵增原理”之初，很多人还对它不明就里。德国物理学家玻尔兹曼最先认识到这个原理的分量，并指出：所有由原子组成的物理体系，其方向性都遵守“熵增原理”。他的这一结论将“熵增原理”扩大到了几乎一切物质上。

然而，玻尔兹曼的工作需要建立在原子论的基础上，可他所处的那个时代，人们根本没有能力看到原子，对原子论持有怀疑或责难态度的大有人在，其中就有极具影响力的马赫。马赫有一句名言："你见过原子吗？"这句话颇有杀伤力。

由于长时间地陷于争论之中，玻尔兹曼饱受压抑之苦，最终罹患抑郁症，于1906年自杀身亡。巨星的陨落，为后人留下无限的哀思。直到近80年后，人们才利用扫描隧道显微镜，从图像上分辨出单个原子。再后来，甚至把原子拿了起来。热力学第二定律不仅自身得以迅速推广，同时也把"熵增原理"推到了判断事物演化方向的至高位置之上。

究竟什么是熵

熵，就是衡量一个系统混乱程度的量。该如何理解这个神奇的"熵"呢？

玻尔兹曼曾经说过："所有由原子组成的物理体系，它们的方向性都遵守'熵增原理'。"也就是说，以原子组成的物质，都具有熵的品质。

以一根橡皮筋为例，在它放松的时候，里面的分子像一堆乱麻，它们的排列是杂乱无章的。但当我们用力一拉，橡皮筋在变长的同时，分子也会沿着拉力的方向，像一根根的链条那样，有序地排列起来，弹力也就显示了出来。在弹性限度内，橡皮筋拉得越长，分子的排列也越整齐，弹力也就越大。

用热力学第二定律来解释，这根橡皮筋可以处于两个状态。一个是自然状态，或者说是自发的状态。在这种状态下，橡皮筋的结构是混乱的、无序的。此时"熵"处于最大的状态。而

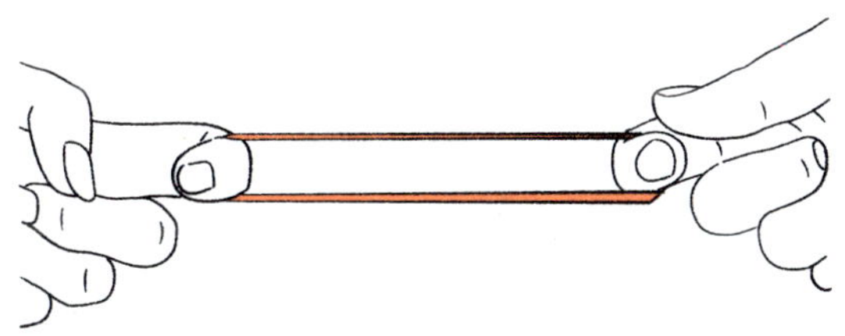

另外一种是在外界拉扯作用下，橡皮筋处于紧张的状态，这时它的结构就是有序的。用热力学的话说，橡皮筋处于“熵减”的状态，这种状态不是自发发生的。当把外力取消，橡皮筋就会恢复到“熵”最大的自然状态之中。

由此，我们可以得出结论：如果不从外界输入能量，系统就越来越混乱，它的熵值就会越来越高；如果要让一个系统变得有序，减小熵值，就必须从外部输入能量，“熵减”状态不会自发地发生。

“熵增原理”能让你看清世界上很多事物。除了物理学，在化学、生物学等科学领域，以及社会学、人类学、政治学，甚至企业管理等各种相关事物中，“熵增原理”都在默默地起着作用。例如，如果一台计算机不安装新的软件，不及时对软件进行升级，也就是没有从计算机系统的外部注入新的能量，这台计算机永远不会获得新的功能。相反，随着设备的老化，这台计算机会逐渐充满缺陷和混乱，直到最后不能胜任工作。

为什么“熵增原理”也适用于社会学呢？正如物质是由原子组成的那样，人类社会也是由个体组成的。从整个社会的角度去看，每个人的活动也是杂乱无章的。因此，整体社会的“混乱度”也可以用“熵”来表述。

以一个企业为例，在创业阶段，所有人都齐心协力，且会从外界汲取能量，善于抓住各种机遇。公司不断壮大，不断发展和成熟，这是一个从无序走向有序的过程，也是一个“熵减”的过程。如果在企业做大之后，没有进行有效的经营和管理，不注意引进新的外界经验，那么公司不可能自行发展新的功能。于是，公司不仅无法壮大起来，还有可能因为部门间各自为战，而逐渐变得效率低下，最终走向瘫痪。

高手都有对抗“熵增”的底层思维

很多著名的学者都有对抗“熵增”的底层思维。薛定谔，这位精于数学的量子物理奠基人，波动力学的创建人，既是他那一时代的伟大科学家，同时也是一位思想家。薛定谔的激情，不仅来自于对量子力学波动理论的创建，也来自于他不断试图解释某些自然现象的好奇心。

创立了量子力学之后，薛定谔开始对物理和生命的交叉学科产生了浓厚的兴趣，并着手从物理学的机制出发研究生命的秘密。1944 年，也就是在他创立量子力学波动理论的 18 年之后，他的《生命是什么》一书出版。

在出版这部书时，分子生物学尚未形成独立学科，交叉学科的研究也尚未兴起。可以说，薛定谔的这本书是物理学、化学、生物学、遗传学和医学交叉学科的先锋之作。作为物理学大师，他走到了生物学发展的前沿，不仅提出了生命中的“熵”概念，还说出了惊世骇俗之语:“生命体的‘熵’是不可逆增的，当‘熵’

趋于最大值时，生命体就进入了危险状态，那便是死亡的到来。作为一个非平衡的开放系统的生命体，想要摆脱死亡，从物理学的观点看，唯一的办法就是从环境中不断汲取‘负熵’以抵抗自身的‘熵增’。”用一句话概括，即“生命以‘负熵’为食，最终走向消亡”。

被称为“现代管理学之父”的德鲁克，第一个将“管理学”提升为一个正式的独立学科。在企业管理中，德鲁克提出了关于“熵增原理”的著名论断：“管理要做的只有一件事情，就是如何对抗‘熵增’。只有在这个过程中，企业的生命力才会增加，而不是默默地走向死亡。”无论是英特尔公司的创始人安迪·格鲁夫，还是微软董事长比尔·盖茨，在管理思想和管理实践上都受到了德鲁克这一思考的启发和影响。

“熵增原理”不仅适用于企业管理，也适用于个人。让我们想一想，为什么懒散的日子最容易过？因为它是一个自发的过

程，虽然这样的过程过着很容易，但它会使所有事物向着无规律、无序和混乱发展，最后变得一团糟。然而，唤醒生命的活力，需要你逆着“熵增”去汲取能量，坚持不断学习，把自己打造成一个“开放系统”。

宇宙会走向死寂吗？

“熵”这个概念是一个丰富的矿藏，也是一个无情的“杀手”，有人把“熵增原理”列为推动宇宙的“四大原理”之一。甚至有些物理学家认为，如果人类的知识再往前推进，那么牛顿力学可能会过时，量子力学可能被改写，相对论也可能会出现瑕疵，但“熵增原理”却是永恒的。

如今，“熵增原理”已经运用到了各个领域中，天文学和天体物理学也不例外。比如，在我们生活的地球上，生物为了维持生命，从环境中摄取的都是“低熵”物质，即有序的高分子物质；向环境释放的粪便和废气等，都是无序的“高熵”物质。从物理的角度看，生命就是抵制自身的“熵增”的过程。这个过程不是地球系统自发的，它必须从外部汲取能量，所汲取的“负熵”，就来自于地球系统之外的“太阳能”。吸收“负熵”的过程是通过植物的光合作用进行的。如果没有太阳供给能量，地球将成为一个完全封闭的系统，最终走向“死寂”。

宇宙的命运又如何呢？宇宙万物，例如众星很难用一个图勾画出来，不如画个简图。假设宇宙众星最初呈一定的有序性排列。有人根据热力学第二定律做出如下猜想：如果宇宙是一个孤立的封闭系统，那么宇宙的熵会随着时间增加，宇宙将从有序变成无序。这种状态达到一个峰值的时候，宇宙中任意形式的能量，包括维持生命的能量、维持星球运转的能量，最终都会转化为热能。热量再从高温处转移至低温处，最后整个宇宙进入热平衡的状态，一切有序的东西不复存在，一切维持生命的能量也将消失，整个宇宙进入一种彻底的无序状态，宇宙失去了推动它演化的全部力量，最后走向一片死寂。

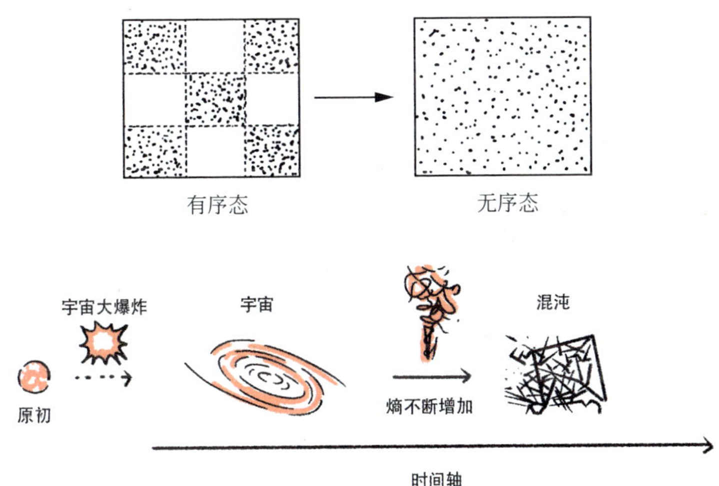

“宇宙死寂说”只是一种关于宇宙终极命运的假说。很遗憾，这个假说还没有被证实。其中很重要的一个原因是，我们这个宇宙是否是“孤立的”？目前还没有人知道，是否还有其他的“外宇宙”与我们所在的宇宙不时地交流着？如果人们不知道这些问题的答案，那假说始终是假说，对与不对，只能任人猜想。

18 摆：如何让单摆变得聪明起来？

“摆”是一种做往复运动的工具，摆的形式多种多样，其中最简单，也最常见的就是单摆，它有固定的周期，常用来做计时的工具。但是，这种摆的运动很单调，呆板得让人提不起兴趣。不过有的摆就不一样了，它们运动起来不仅花样翻新，还能长动不止，简直就像个“永动机”。还有一种摆就更聪明了，它还装上了一副“聪明的头脑”，能发明点什么东西出来。现在先讨论一下像“永动机”的混沌摆。

混沌摆是永动机吗？

混沌摆不同于无聊的单摆，它动起来花样翻新。如果在混沌摆上任意一点涂上荧光物质，在黑暗中，那个光点运动起来就会毫无规则可言，让人看着眼花缭乱。混沌摆的另一个特点就更新奇了，只要你轻轻一推，它就会一直运动，像是活过来一样，甚至让人对能量守恒产生了怀疑。混沌摆究竟是不是一个永动机呢？

永动机是一个永恒的诱惑，几百年来，不少人想造出一架永动机，不用输入能量就能让它干活。然而天下“没有免费的午餐”，上百种的“永动机发明”最终都归于失败，因为它们违反了自然界的一个最基本、最普遍的法则，这就是能量守恒和转化定律。

混沌摆有各式各样的，我们就以最简单的一种加以说明。如图所示，这是一台由两个摆杆组成的悬臂摆，是混沌摆的一种。其中一根杆，姑且叫它“水平杆”，它由转轴固定在一根竖直的支架上，支点 A 并不在水平杆的正中央。在水平杆的一端，用转轴连接了另一根杆，这就是“悬臂杆”，转轴 B 也不在悬臂杆的正中央。用手轻轻一碰，这两根杆就摆动并旋转起来。有人认为，悬臂摆上的两根杆在运转中有摩擦，最初所给的那点能量必然散失，悬臂摆将很快停下来。可实际上，悬臂摆可以长时间地运转不停，这究竟是为什么呢？

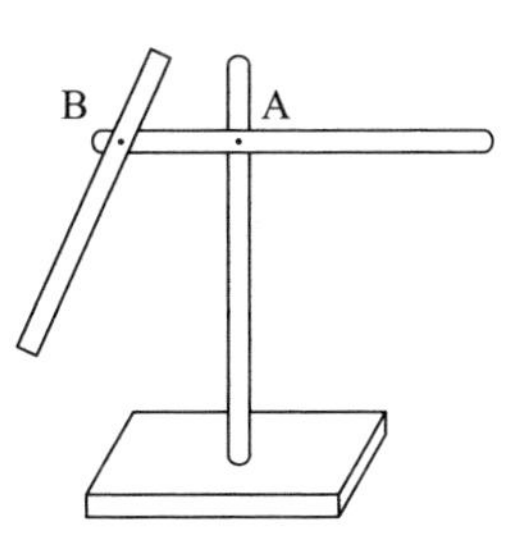

如果设计得当，悬臂摆的两根杆恰好能组成一个合适的系统。在这个系统里，两根杆轮流担当了“储能器”和“输能器”。例如，当水平杆摆起来的时候，在它摆动动能最大的时刻，借助它的甩动，把动能传输给了悬臂杆，促动悬臂摆摆动起来。在悬臂杆摆动动能最大时候，恰好又是水平杆将要停下来的时刻，借助悬臂杆的甩动，又把动能传回了水平杆。于是，水平杆回到一开始的运动状态，如此这般地反复不止。

难道两只杆的运转没有能量消耗了吗？当然有，空气的阻力，转轴的摩擦都不可避免。以转轴的摩擦为例，转轴摩擦最大的时刻，并不是在杆瞬间静止或摆动速度比较小的时候，而是摆速最大的时候。然而在摩擦能量损失最大的时候，摆杆把能量“转移”到了另一根摆杆上，使自己的能量迅速减小，转轴的摩擦力自然就跟着减小了。这样一来，能量在系统内来回传递，将产生两个效果：一是最大限度地避免了能量损失到系统之外；二是由于能量只保持在系统内，散出去的不多，它难以成为对外做功的机器，只能作为一种小摆件观赏罢了。

当然，尽管只有两根杆的联动，但为了保证能量的及时传输和储存，其结构也并不那么简单。在设计这个摆件时，相关的尺寸都要经过精确的计算。

混沌是混乱无序的意思，为什么把这种摆叫作混沌摆呢？这种摆在使用中整体无序的原因有很多。例如，摆上任意一点的摆动都会影响其他各点的运动，而其他各点的运动又都可以反馈回来，影响这一点的运动。这导致混沌摆在运动过程中，无论哪一点的运动方式都不像单摆那样可以预测，使整体的运动混乱无序，没有固定的周期。在最初运动的时刻，如何推动它，推在什么地方，都会使摆的运动情况有所不同，所以混沌摆对“初始状态”很敏感。此外，更有意思的是，在摆件设计时，如果转轴的位置不同、杆长不同、连接点不同、连接杆的数量不同，那么摆动的样式也不相同。一些数据竟然与黄金分割数有关，这是不是很奇特呢？

正因为不像单摆那样单调，混沌摆所具有的复杂性和无序性，更使它彰显出一种无规律可循的自然美。人们常把混沌摆当作一个“小活物”那样，放在案头作为摆件。当然，在有的混沌摆上，还用上了磁悬浮或其他一些传感技术，更增加了它的神秘性。

除了混沌摆，有人更把“摆”玩到了极致。这种摆十分神奇，以致在物理学界引起一场不大不小的风波。

一组有“头脑”的物理摆

利普森

有人说，它是一个创造奇迹的摆。然而事实上，它只是一个简单的双摆，由两个摆长稍有不同的单摆，通过两者的摆球连接而成。正因为两个单摆各自的周期稍有不同，所以当双摆摆动起来以后，两个摆球有时同步，有时不同步，有时又彼此拉扯，它们的运动要比单摆复杂得多。之所以说这个双摆创造了奇迹，是因为发明这个双摆的人还给它配备了一个聪明的“脑子”。在两个摆球的运转中，还能与计算机合作，计算机配备了一个叫作“尤尔伽”的软件。当然，这个软件是由更聪明的人编写而成的。

编写软件的是康奈尔大学创新机器实验室的工程学教授利普森。多年来，利普森和他的学生施密特一起研究一个有意思的课题，这就是创造一种能“自我学习”“自我服务”，更会“自我进化”的机器。他们认为，既然机器能与计算机合作，那么在现代工程学中，就应该引入一些生物学的新思想，这就是让机器具有“择优进化”的能力。当然，无生命的机器不可能有自我意识，而让机器具有选择能力的秘诀就在他们所编写的“自我学习”程序上，这项课题极具挑战意义。

几年来，在这一课题上他们先后做出了多项成果。2007 年，利普森在一次学术研讨会上，当众展示了一个像海星那样的四脚机器人。与一般机器人不同，它不是靠事先的编程行走的，而是输入了一个特殊的“自我学习”程序，使这个机器人拥有“自我进化”能力。例如，在行走中如果出现障碍，发生错误，这个机器人能根据程序的基因算法，学习修正错误，缓慢地“进化”，甚至在弄断一条腿时，也能慢慢地应对困难，学会用三只脚重新行走。在利普森的手下，机器人的“自我学习”与“进化”能力，就是通过一个名叫“尤尔伽”的软件来实现的。

这一次，利普森把研究目标选定到一套双摆装置上。他们尝试着给双摆加上一个“大脑”，让这套装置也能“自我学习”，以便发明点什么东西出来。这套装置包括双摆、激光发射器、录像机和计算机。激光发射器安装在摆球上，在摆动中，互联的摆球出现了同步、碰撞、拉扯，再同步、再碰撞、再拉扯的反复变化。于是，有关摆球位置、速度和加速度等数据就被输入计算机中，由“尤尔伽”软件进行处理。利普森他们想看一看，结果会如何?

在向计算机中输入数据前，利普森他们既没有给计算机添加什么基础物理知识，也没有补充任何力学公式，然而几天后，实验结果让人大吃一惊，这台装置竟然能成功地把牛顿第二定律、动量守恒和能量守恒公式挖掘出来!

在物理学乃至整个科学界，牛顿第二定律、能量守恒与动量守恒定律都是学者们非常熟悉的内容，这几个方程式并不是什么震撼性的新发现，但这一次，这些规律的出现不是经过人类百年努力得到的结果，而是由无生命的机器飞速探索而得的。

得到这些规律的途径如此特殊，不能不说是一个奇迹!

2004 年 4 月 23 日，利普森他们的结果一经发表，犹如投石打破水中天，不仅引起了媒体和公众的注意，也引起科学界的震惊，英国《卫报》科学版发文称:“它成为了人类获取知识方式的转折点。”

双摆的运动是无序的、杂乱无章的，所传输出来的数据又是海量的，但“尤尔伽”根本不懂物理，不少人关心它是如何在无序、庞杂的大数据中，如大海捞针般地把三个规律找出来的呢?

其实，“尤尔伽”的工作方式并不神秘，它所知道的无非是人们所熟悉的简单的加减乘除、三角函数和微积分运算等，但这个程序还具有一个特殊的功能，这就是数据的提取、识别和优选。

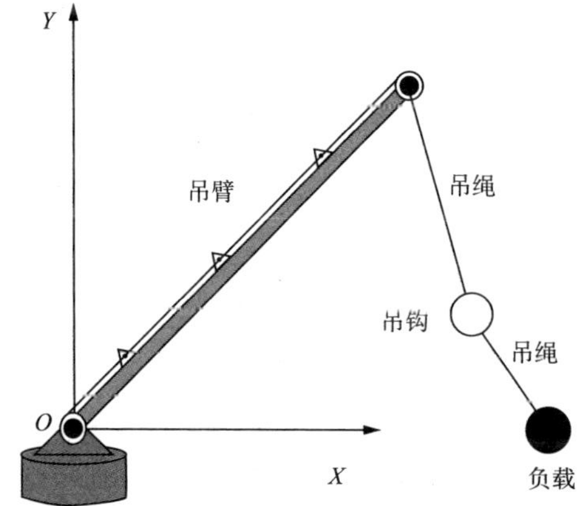

处理数据是“尤尔伽”的“拿手好戏”，它是这样工作的。由双摆运动提供的数据，犹如“食料”，这些食料分量极大，每

次只能喂给“尤尔伽”一小份。“尤尔伽”不像人类那样，凭着直觉或经验猜测其中的规律，它只会默默地做着运算。它先从这一小份数据中，形成第一批公式。当然，适应第一批数据的公式数量极多，但“尤尔伽”的运算速度极快，仅在 1 秒的时间内，符合第一批数据的数百万计的初始公式就被提取了出来。接着，再喂给“尤尔伽”第二批数据。很快地，第二批数百万计的公式又被提取了出来。此时，“尤尔伽”可以把两批不相容的公式甩掉，把彼此相容的公式保留。就这样，数据一批批地喂，公式一批批地形成，每形成一批公式，“尤尔伽”总能把不相调和的公式剔除，最后才从几百亿个公式中，提取出了牛顿第二定律、动量守恒和能量守恒定律，它们是提取出来的精华，也是牛顿力学的基础。

现在，回过头来梳理一下整个的实验过程。这台装了“大脑”的双摆装置完成了 3 个步骤。首先，由双摆提供运动状况，尽管运动是无规则的，牛顿的力学规律却始终蕴藏其中，人类要想从中这些杂乱的运动中发现规律，几乎是不可能的。第二步，把双摆的无规则运动转换成海量的数据。以双摆作为研究的目标远胜于单摆，因为单摆运动过于单调，而在双摆运动中，既有同步，又有碰撞，还有相互拉扯时力的作用，并伴有丰富的速度和加速度的变化等。从复杂的运动中，可以获得海量数据。第三步，“尤尔伽”生成公式时，能把适合环境的保留下来，把不适合环境的淘汰掉，这个过程本身不正体现了达尔文“物竞天择，适者生存”的思想吗？只不过这一次，并不是什么“天择”，而是利用计算机从科学数据中进行优选罢了。

“尤尔伽”的出现，使科学研究呈现出了两种不同的方式，一种像传统科学那样，先由科学家内心的直觉、洞见或灵感进行探索，然后再经过实验的验证得出科学规律来；另一种则是收集海量数据，再通过程序从中寻求规律，找出公式来。第二种科学研究方式的出现，使科学界、哲学界掀起一场轩然大波。

有人质疑在不具备任何“背景知识”的情况下，就能找到像牛顿第二定律这样公式的可能性。因为要达到这一步，首先要建立基本概念，例如质量、力、动量和能量等。这些概念并不能只通过发现适合数据的规律，找到各个因数之间的关系来完成，无生命的机器不可能离开人类独自进行科学研究。他们认为，“尤尔伽”这套双摆装置并不是什么新成就，它只不过是那些已经知道牛顿定律的人，用他们的程序来鉴定牛顿定律而已。

利普森的这场双摆实验还使得另一些人，对究竟什么是“科学”产生了怀疑。他们认为，像“尤尔伽”这样的程序有可能改变“科学”自身的性质。几百年来，都是由科学家以内心的直觉、洞见或灵感进行探索来发展科学。如果由机器代替这一切，而机器提出的什么预见又很可能是人类所不能预测，或所不能理解的，那么人类就不得不依靠计算机来解释得出的结论。换句话说，机器将可能成为人类的“神龛”，由它们把自然界的秘密解读给人类，那还是“科学”吗？科学还能健康地发展吗？

“尤尔伽”确实改变了科学发展的传统格局，在一些人担心科学能否健康发展的同时，也有一些人持比较积极的看法。这些人认为，仅由人脑认识世界，不可能进行深度认知，特别是在当今网络不断发展的情势下，大数据如洪水般地泛滥，在应对诸如细胞生物学、气象学、经济学等复杂的系统问题时，只利用人类的大脑已经让人显得力不从心。他们预言，在未来的几十年内，计算机将能做更多的事，甚至代替人类做大多数工作。到那时，大多数的科学验证将由计算机来完成，计算机将超越人类的科研能力，另辟蹊径地使科学得到发展。

总之，利普森的双摆实验在科学界掀起的风浪非同小可，究竟科学研究的发展前景如何，机器与人类的关系如何，我们还需拭目以待。